JN205467

国立歴史民俗博物館研究叢書6

資料が語る
災害の記録と記憶

樋口雄彦 ［編］

朝倉書店

編集者

樋ひ口ぐち　雄たけ彦ひこ　　国立歴史民俗博物館研究部

執筆者

中なか　塚つか　　武たけし　　総合地球環境学研究所

若わか　林ばやし　邦くに彦ひこ　　同志社大学歴史資料館

藤ふじ　尾お　慎しんいちろう一郎　　国立歴史民俗博物館研究部

大おお久く保ぼ　純じゅん一いち　　国立歴史民俗博物館研究部

樋ひ口ぐち　雄たけ彦ひこ　　国立歴史民俗博物館研究部

関せき沢ざわ　まゆみ　　国立歴史民俗博物館研究部

（執筆順）

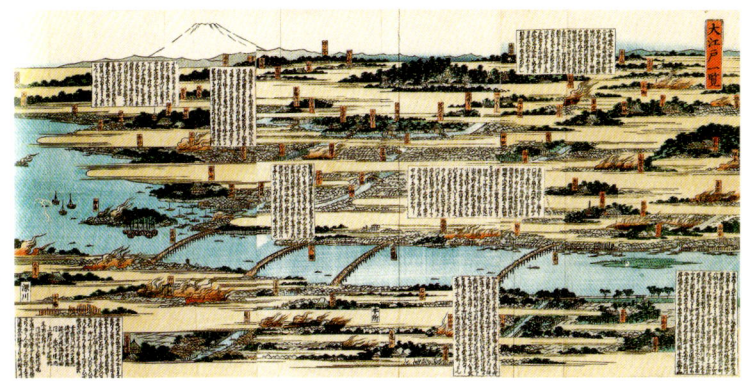

口絵 1
「大江戸一覧」（国立歴史民俗博物館蔵）
[本文 p.77 参照]

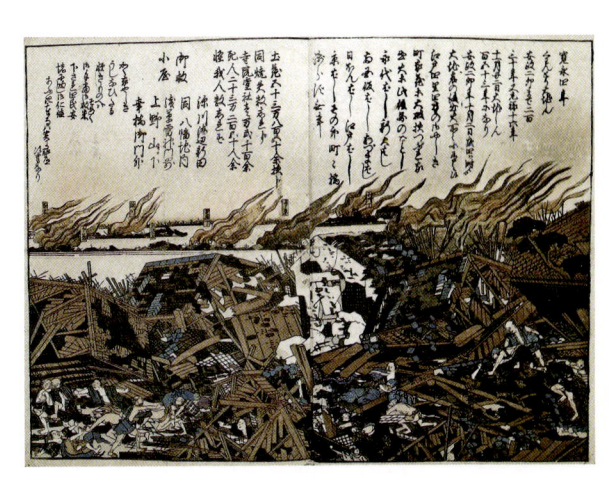

口絵 2
「大地震火事場の図」[仮題]（個人蔵）
[本文 p.79 参照]

口絵 3　『安政見聞誌』上巻，吉原仮宅（国立歴史民俗博物館蔵）[本文 p.81 参照]

口絵 4 『安政見聞録』（国立歴史民俗博物館蔵）［本文 p.90 参照］

口絵 5 『安政風聞集』上巻，「大橋手前河岸の図」（国立歴史民俗博物館蔵）［本文 p.92 参照］

口絵 6　『安政風聞集』中巻，江戸市中の洪水（国立歴史民俗博物館蔵）［本文 p.93 参照］

口絵 7　「磐梯山噴火の図」（国立歴史民俗博物館蔵）［本文 p.95 参照］

口絵 8　「岐阜県愛知県大地震実況」（国立歴史民俗博物館蔵）［本文 p.97 参照］

口絵 9　「明治丙申三陸大海嘯之実況」（国立歴史民俗博物館蔵）［本文 p.98 参照］

『国立歴史民俗博物館研究叢書』
刊行のことば

　国立歴史民俗博物館（以下，歴博）は，日本の歴史と文化を総合的に研究する大学共同利用機関ですが，歴史資料を収蔵し，研究成果を歴史展示というかたちで公表する博物館機能をも有しています．その特徴は，歴史学，考古学，民俗学および分析科学を加えた関連諸科学による文理連携型の学際協業によって，最先端の歴史研究を開拓し推進するところにあります．そして，「歴博といえば共同研究」と研究者間で言われるように，1981（昭和56）年の機関設置以来一貫して，館内研究者はもとより多数の国内外の大学・研究機関などに所属する研究者と一緒に共同研究プロジェクトを組織して研究を進め，博物館機能を用いて，その研究過程・成果を可視化し，研究課題を高度化することで，学界コミュニティに貢献してまいりました．

　たとえば，創設初期の1980〜90年代は，外部の有識者による基幹研究検討委員会を設け，基層信仰，都市，環境，戦争などの大テーマを選定したうえで，実証的な研究を組織的に推進することによって学界をリードしてきました．2004（平成16）年の法人化後は，博物館を有する研究機関としての特性をさらにはっきりと活かすために，研究，資料，展示の循環を重視した「博物館型研究統合」という理念のもとに広義の歴史研究を推進するというミッションを定めました．そして，総合展示のリニューアルを構築するための学問的基盤作りなどを行なう基幹研究を新しく共同研究のテーマに加えることにいたしました．

　このように共同研究の課題は，それぞれの時代の学問的要請と外部の有識者の意見を踏まえて選択してきたのですが，共同研究の成果を広く発信・公開しようという姿勢は一貫して変わることなく，『国立歴史民俗博物館研究報告』特集号（以下『研究報告』）に集約して発表してまいりました．これらは，各研究分野の主要な学会誌の研究動向においても取り上げられ，一定の評価を受けてきております．

　しかし，共同研究の最新の研究成果が集約されているこの『研究報告』は，専

門の研究者向けといった性格が強く，これから研究を始めようという大学院生・学生や日本の歴史と文化に関心をもつ一般の読者が手にとる機会は，残念ながら決して多いとは言えません．

　現在，大学および大学共同利用機関においては，とくに人文科学分野の研究の可視化，研究成果の社会還元が強く求められています．そこで，第2期中期計画期間（2010〜15年）内に推進された共同研究のなかから6件を選び，その後の研究成果を反映させるとともに，研究史全体での位置づけを明確にするということを意識して執筆を行ない，ここにあらためて『国立歴史民俗博物館研究叢書』として刊行する運びになりました．さらに，冒頭には，研究代表者による総論を設け，そこでは，それぞれ3年間におよぶ共同研究の成果の要点が読者に明確に伝わるようにいたしました．

　本叢書は，朝倉書店の理解と協力を得て，第3期中期目標・中期計画期間の第一年目に当たる2016年度より刊行が実現することとなりましたが，歴博の創設に当たって学際協業による新しい歴史学の創成をめざした井上光貞初代館長の構想のなかには，すでにこのような研究叢書の刊行が含まれていたと伝えられています．創設三十周年を経た今，この本館設立時の初心に立ち帰り，本研究叢書の刊行に取り組みたいと思います．そして，本館の共同研究の水準を，あらためて広く社会に示すことで，研究史上の意義を再確認するとともに，新たな研究課題の発見に結びつけ，今後の共同研究として展開していく所存です．

　読者のみなさまの忌憚のないご批判とご教示を賜りますよう，お願いいたします．

2017年2月吉日

国立歴史民俗博物館 館長　久留島　浩

はしがき

　旧東海道沿いですぐ近くを富士川が流れる，静岡県富士市松岡の水神社（すいじんじゃ）の境内に「不尽河修堤碑」という石碑が立っている．幕末，安政5（1858）年，駿河国富士郡松岡村の名主弥兵衛が，幕府の昌平黌儒官（しょうへいこうじゅかん）だった塩谷世弘に撰文を依頼し建立したものであり，漢文で記された文章がぎっしりと彫られている．碑文は書家萩原秋巌（はぎわらしゅうがん）が担当し，隷書体の題額揮毫者は14代将軍徳川家茂に書を指導したことでも知られる旗本戸川播磨守安清（やすずみ）である．160年もの間風雪に耐え，しっかりと残されている．

　これは，前年の安政東海地震が原因で，安政2（1855）年の6月と7月に起きた富士川堤防の決壊による洪水被害のため，「流亡転遷」，すなわち各地への移転・避難生活を余儀なくされた村人たちが，幕府による新たな堤防建設によって元の村に帰郷することができたことを感謝し，その恩恵を後世に伝えるべく建てられたものである．特に復興工事を指揮した「計曹長」，すなわち勘定奉行の土岐摂津守朝昌に対しては，村人たちから多大な感謝の気持ちが寄せられたようで，自分たちが「帰郷」できたことと，土岐家の家紋「桔梗」が同じ音だったことにちなみ，新しい堤防を「帰郷堤」と呼ぶようになったといういきさつも，この碑文に刻まれている．帰郷堤は水害の翌年3月に完成したというので，松岡村民の避難生活はそれほど長期化せずにすんだようである．

　上記の逸話にあらわれた，住民・被災者と為政者との関係性は，少々牧歌的にすぎるかもしれない．実際には，限られた字数の碑文には盛り込めなかった，きれいごとではすまないさまざまな問題や辛苦が村人たちの間に引き起こされていたに違いない．被災者たちには不平や不満が渦巻き，役人との対立もあったであろう．自然災害は不可抗力であり，その巨大な力の前で人間は無力である．複雑化した社会においては，自然災害は人災としての要素もはらむ．防災・減災や救助，復旧・復興にはたすべき為政者の役割は大きい．

　本書の前提となる共同研究「災害の記録と記憶をめぐる資料論的研究」(平成 24
〜26 年度) は，2011 (平成 23) 年 3 月 11 日の東日木大震災をきっかけに開始さ
れた．あれから 8 年近い歳月が経ったが，福島県の多くの被災者はいまだに帰郷
できないでいる．被災住民の方々が帰郷を喜べる日が一日も早く訪れることを願
うばかりである．

2019 年 2 月

樋口雄彦

目　　次

序章 記録と記憶は災害について何を語るのか

樋口雄彦

2011（平成 23）年 3 月 11 日に発生した東日本大震災は，学界に対しこれまで以上に災害史研究の必要性を喚起した．その結果，災害史研究は活発化し，学会や研究機関では新たな組織やプロジェクトが発足し，博物館では展示会が催され，出版の面でも学会誌の特集号はもとより，専門書や概説書，事典などの刊行が相次いだ．以後も，広島土砂災害，御嶽山噴火，関東・東北豪雨，熊本地震，九州北部豪雨，西日本豪雨，北海道胆振東部地震など，大きな災害は絶えることがない．

そのような中，本書は，考古学・文献史学・民俗学・美術史・地球化学など異なる分野の研究者が，「資料」そのものに着眼するという一点で結集し，学際的に災害史の研究に取り組んだものである．具体的には国立歴史民俗博物館が行なった共同研究「災害の記録と記憶をめぐる資料論的研究」（平成 24〜26 年度）における成果である．

上記の共同研究は，基幹研究「震災と博物館活動・歴史叙述に関する総合的研究」に包括される，「戦時／災害と生活世界の関わりに関する総合的研究」（平成 24〜27 年度），「東日本大震災被災地域における生活文化研究の復興と博物館型研究統合」（平成 24〜27 年度）とともに，三つのブランチの一つであった．

上記共同研究の成果を形にした本書は，何を資料とするのか，何が資料となるのか，またその資料にはどのような特徴があるのか，資料から何が明らかとなるのかについて，学際的な視点から検討しつつ，時代や分野を超えて日本の災害史をカバーするものとなった．

構成と執筆者は以下の通りである．

第 1 章　高分解能古気候データから始まる新しい災害史研究の方向性（中塚武）

　第1章では，樹木年輪幅や年輪セルロースの酸素同位体比などを用い，過去2000年以上にわたる気温・降水量などを年単位で復元した結果を，考古学・歴史学の手法や資料と組み合わせ，時代や地域ごとに詳細に検討することが可能となるような，普遍性をもった統計学的な研究の枠組みを提案した．その上で，それを自然災害の研究に活用した新しい災害史研究の方向性を提示した．

　第2章で述べられたのは以下の通り．大きな水害による被害をたびたび受けていた淀川流域の弥生時代の集落では，集落移転がなされず，人びとが戻ってくることを繰り返していたが，古墳時代前期から中期（紀元4世紀〜5世紀）になると，段丘上面に集落がつくられるようになった．このことと気候変動データを照合することで，気候変動が少ない時期に段丘上面への移転が行なわれたことが判明した．その理由には，気候条件の変化が集落立地を変化させたという単純な環境決定論ではなく，社会統合による環境リスクの軽減という側面があったと想定される．

　第3章は，酸素同位体比変動グラフを用いた気候推定により，静岡県の登呂遺跡について考察した．紀元前1世紀前葉を境に高温・乾燥局面から湿潤・低温局面に変わり，登呂遺跡が成立した紀元後1世紀には短い数年周期変動型だったため，人びとの気候への対応が可能だった．ところがその後，数十年周期変動型に変わると，2世紀中頃の大きな洪水には対応できず，登呂では住居は埋没し，水田のみの利用へと変わっていったことが明らかにされた．

　第4章では以下のことが論証された．安政大地震などが起きた幕末には，「災害図」とでも称すべき刷物や冊子本が出版された．災害現場を詳細に記録し，安否を知らせることが目的の速報性重視のものから，震災で儲けた職業を鯰絵にし

た戯画風のものまで多様である．形状も一枚刷^ずりが先で，後に冊子が出されてお
り，それらは大災害を記憶するためという意味でも，明治以降の震災絵葉書やグ
ラフ誌の災害特集号の類につながっていった．

　第5章は，防災・復興に当たる行政組織の近代化をめぐる問題である．江戸幕
府が縮小・転化した明治初年の静岡藩において治水行政を担当すべく設置した水
利路程掛について，幕府の普請役や明治政府の担当官庁（大蔵省土木寮・内務省
土木局など）との人的系譜や機能の変遷，技術レベルの差異などを検討し，行政
分野での担い手の変化から防災・復興における近代化の特徴を探った．

　第6章は，「水害があってもなぜ人は元の地に戻るのか？」という疑問に迫った．
網野善彦が注目した河原の利用の歴史的変遷や，和歌山県の日高川や紀ノ川の岸
辺や中洲に埋葬墓地を設ける事例群に再着目し，大水によって流失することをあ
らかじめ予想した上で営まれている墓地について，生活上の必然である汚穢^{お わい}の蓄
積を洪水と氾濫という自然災害が掃除し浄化して新たにリセットするという逆利
用の発想を見出すことによって，単なる「防災」ではない「対災」と称すべき営
みに注目した．

　一見すると時代や分野のバラつきが大きいが，それぞれ研究の素材としての資
料そのものに強いこだわりをもち続けた点では一貫した視点に立ったものであ
る．

　そもそも，災害史研究が扱う資料にはアプローチする分野によって大きな違い
がある．

　環境史・考古学などでは，自然科学的な研究手法をとるため，資料には高度の
客観性が求められる．また，長大な時間の経過や多数のフィールドを比較対照す
る際には，大量の資料・データを必要とする．

　文献史学では，自然科学的な分野と近接・連携しつつ展開される，「王道」とも
いうべき災害史研究も当然ありうるが，そこからはみ出す余地も大きい．たとえ
ば，人的・経済的被害による社会的影響，国際関係，防災・復興の政治過程・費
用・組織等々を扱うには，まったく違う観点と方法，資料に基づくものとなる．
文書という外形的・客観的にはモノ資料であっても，そこに書かれた内容には為
政者の意図や被治者の願望など，人間の主観や感情が含まれているからである．
人が関与しない純粋に物理的な意味での災害の痕跡（遺跡・遺構・遺物など）は，

ほぼ100パーセントの客観性をもつであろうが，人が文字や絵画などで記録した災害は客観性の度合いが落ちる．逆に，同じく人の手になる記録であっても，写真・映像・観測値・測量図といった近代の科学技術に依拠して記録されたものは客観性が高いといえる．とはいえ，単純に前近代の人間による記録が，近現代の人間による記録に対し，すべてにおいて劣っているというわけではない．

美術史・思想史・民俗学などでは，資料の客観性や科学的な精度よりも，人間の内面に与えた影響などを重視するため，文献史学ほど資料そのものの客観性は一義的な問題とはならない．もちろん，それは事実をないがしろにするという意味ではない．また，版画の顔料分析など，美術史と文化財科学が密接に関係し合う例など，逆に文理融合の典型たりうることもある．

災害という，自然現象を対象とした研究である限り，人文・社会科学分野でそれを扱う場合においても文理が接近・融合した研究になるのは当然である．ただ，両者の接近のし方，あるいは融合の度合いについては，研究テーマによって大きな差異が生じる．本書では，第1章から第3章までと，第4章から第6章までの間に大きな違いがある．本来であれば，建築史・技術史など，その中間的な研究成果も盛り込めればよかったのであるが，果たせなかった．

実は本書は，先に述べた共同研究「災害の記録と記憶をめぐる資料論的研究」の成果である『国立歴史民俗博物館研究報告　第203集　災害の記録と記憶をめぐる資料論的研究』（2016年刊）に収録した論考を改稿したものと，今回新たに執筆したものとからなる．『研究報告』に収めた論考一覧を示せば，下記のとおりである．本書に収録した論考とタイトルが同じ場合でも，内容には改変がなされている．

- 高分解能古気候データから始まる新しい災害史研究の方向性（中塚武）
- 水害にかかわる環境と初期農耕社会集落動態（若林邦彦）
- 日本における災害の記録化と災害情報継承方法の変遷について（宮瀧交二）
- 幕末・明治の出版にみる災害表象—風景表現を中心に—（大久保純一）
- 民俗学の災害論・試論—危険と豊饒：伝承事実が語る逆利用の論理—（関沢まゆみ）
- 原発情報はどのように伝えられてきたのか—福島第一原子力発電所事故に至る道，またその後—（小椋純一）

- 近世・近代移行期の治水行政と土木官僚―静岡藩水利路程掛とその周辺―（樋口雄彦）

より詳細な資料やデータ，本書に収録できなかったテーマなどについては，この『研究報告』をあわせて参照されることを希望する．

どのような研究も資料に基づいてなされるものである．資料なくして研究はありえない．研究は資料を集めることから始まるという側面がある．最初に資料があり，その資料から研究テーマを発想する場合がある．逆に，何を資料とするのか，何が資料たりえるのかは，特定の問題意識があってこそ定まるものであり，資料探求が後にまわることもある．

研究の進め方には，終始資料そのものに寄り添い続けるやり方と，最初の段階の資料から離れ，それを加工・再編・数値化するなどして，分析や考察を深めていくやり方がある．目録の作成や史料の翻刻・紹介など，資料の収集・集成も決して単純作業ではなく，広義の研究に含まれる行為であり，狭義の研究の基礎となるものである．

本書は災害史をテーマにしたものであるが，やはり収録した論考は，いずれも地道な資料収集と高い問題意識を前提にして生み出されたものであり，資料収集への取り組みとそれに基づく研究の一例である．

第1章 高分解能古気候データから始まる新しい災害史研究の方向性

中塚　武

1.1　はじめに
―災害史研究の隆盛と今後の可能性―

2011年3月の東日本大震災以来，災害史に関する研究は，歴史学・考古学の中でも新たな盛り上がりをみせている．そうした研究の中には，遠い昔に発生した地震や津波の状況を，文献に書かれた被害の記録や遺跡に残された災害の痕跡から丹念に復元するものから，災害が起きた際の社会の対応や復旧，復興の在り方について，過去の社会の事例から幅広く教訓を得て今後の災害への対応にいかしていこうとするものまで，さまざまなものが含まれている．全体的にいって，過去の時代において地震や津波などの災害がどのように発生し，それらの災害に対して人びとがどのように対応できたか（できなかったか）を明らかにすることが，現在の災害史研究の焦点であるといえる．

一方で，現代社会における防災・減災を目指す取り組みでは，「災害が起きてから，どのように対応するか」ということだけでなく，「災害が起きる前に，何ができるか」という視点での取り組みが，重視されている．実際，地震や津波が起きた際の被害の大きさを決める要因には，「災害発生後にどのように迅速に避難行動をとりうるか」ということだけでなく，「災害発生前に建物の耐震性をいかに高めておけるか，あるいは，低地の建物をいかに高台に移動できているか」ということが大きく関係している．つまり，災害が起きる前の平常時の備えこそが最も重要とされ，そうした備えを実現できる社会の在り方が問われているのである．

こうした現代の視点からみたとき，歴史学や考古学の研究でも，過去に起きた災害について，発生の事実経過や発生後の対応，復旧・復興の過程だけでなく，被害の大きさを決定づけた「日常的な社会の在り方」そのものを，明らかにでき

る可能性はないだろうか．現代の防災・減災の研究者たちは，「これから起きるかもしれない災害」を想定して，災害に備えられる社会の在り方を手探りで探求しているが，歴史の研究では，「災害発生前のどのような社会の在り方が，災害発生時の社会の被害をいかに増大（縮小）させるのか」について，無数の事例研究から普遍的な教訓を現代社会にもたらすことができるかもしれない．本論ではこうした観点から，気候変動がもたらす自然災害を対象にして，「災害発生前の社会の在り方と社会の防災・減災能力の関係」を明らかにするための新たな歴史研究の枠組みを提案する．

1.2　災害の周期性と社会の対応力
―歴史研究の二つの課題―

　一般に人間社会は，毎年やってくるような短い周期の災害（梅雨期の多雨など）には比較的確実に対応できるが，千年に一度といった長い周期をもった災害（海溝型の巨大地震など）には対応しにくいと考えられている．東日本大震災の規模の地震が毎年起きるのであれば，誰も沿岸部に建物や農地を作るはずはないが，実際には千年に一度という長い間隔をおいて起きた超巨大地震だったために，被害が大きくなった．滅多に起きない災害であればあるほど，備えは疎かになりやすい．「天災は忘れた頃にくる」という寺田寅彦が言ったとされるこの言葉が，まさに災害と社会の本質的な関係を表わしている．東日本大震災が起きてから5年以上が過ぎて，すでに震災の記憶の風化が指摘され始めているが，現代の防災・減災の研究は日常的にこの問題に直面させられている．すなわち，震災の直後には非常に多くの社会的関心が防災・減災に向けられるが，時間とともにその関心は薄らいでいくので，震災直後に作りだされる数多くの防災・減災のための研究成果が，数十年・数百年後に起きる次の大震災までの間，ずっと社会に受容され続ける保証はないという問題である．防災・減災の研究は，こうした社会的無関心をいかに乗り越えるかという課題を，常に背負っている．

　災害の発生間隔と社会の対応能力の関係を考える上で，歴史の研究がもつ有利な点の一つは，その幅広い時間との向き合い方にある．災害発生の前に人びとが災害をどのように予見し，災害発生の後に人びとが災害にどのように対応したのか．歴史の研究では，その状況をさまざまな時間スケールでつぶさに観察するこ

とができる．「天災は忘れた頃にくる」という仮説に対しても，以下の二つの問い
かけが可能であろう．

　第一に，この仮説が真実なのかどうか．つまり，災害の発生間隔が具体的に何
年以上になれば，人間社会は総体として，本当に過去に起きた災害を「忘れて」
しまうのか．（問①）

　第二に，この仮説が正しく，特定の年数以上の間隔で災害が再発したときに，
人間社会の対応能力が下がることが明らかになった場合，それでもそうした「忘
れた頃にくる災害」から，大きな被害を受ける社会と，あまり被害を受けない社
会は，それぞれ存在するのか．もしそうならば，その違いを生み出す要因とは何
か．（問②）

　こうした問いかけに対して，現代の防災・減災の研究だけからでは，解答を得
ることは難しいが，歴史の研究を通してなら，答えを探し出せる可能性があるの
ではないだろうか．そして，そこから得られる知見は，今後の防災・減災の取り
組みにも大いに役立つに違いない．

1.3　気候災害史研究の重要性
―さまざまな変動周期の存在―

　地震や津波，火山噴火など，さまざまな自然災害がある中でも，気象・気候の
変動がもたらす災害は，洪水や暴風，高潮などによって被災地域の人びとの生命
や財産に直接大きな損害を与えると同時に，干ばつや冷夏などの発生を介して農
業生産を減少させ全国的な大飢饉をもたらすなどして，歴史上，社会に多大な影
響を与えてきた．さらに気象・気候変動に伴う災害には，前述の二つの問いかけ
に答える上で地震や津波にはない大きな特徴がある．それは，地震や津波による
災害が数十〜数百年の間隔をおいて間欠的に発生することが多いのに対して，気
象・気候変動に伴う災害には，数日から数万年までのさまざまな周期性があるこ
とである．

　現生人類であるホモ・サピエンスが地球上に誕生した約20万年前から今日に
至るまでの間に，地球は氷河期を二回経験した（多田，2013）．北米大陸の北部と
ユーラシア大陸の西部に巨大氷床をもたらした氷河期の到来は人類が経験した最
大の気候災害であるともいえ，当時の人びとの生活に劇的な影響を与えたに違い

ない．しかしそれは約十万年の間隔で起きていたため，その一部始終を目撃した個人はもとより民族も存在せず，当時の人びとが過去の氷河期の存在を「忘れて」いた（知らなかった）ことは間違いない．氷河期の中では，ダンスガード・オシュガーサイクルという北部北大西洋沿岸域において 50 年間で 10℃ の寒冷化を伴うような急激な気候の変化が何度も起きた（多田，2013）．しかし一つのサイクル自体は約千年の長さをもっていたので，当時の人びとは，以前に起きた同種の気候災害を「忘れて」いたはずである．過去 2 千年間程度の歴史時代には，いわゆる中世温暖期，小氷期などの数百年以上の時間スケールをもった気温や降水量の変化が社会に大きな影響を与えたと考えられている（フェイガン，2001：2008）．しかし，こうした数百年間隔での気候変動も，同時代の人びとに認識されることは難しく，小氷期の開始期に突然の寒冷化に見舞われた世界の人びとは，すでに以前の寒冷期の記憶を「忘れて」しまっており，さまざまな災厄に巻き込まれたと考えられる（Parker，2013 など）．

　一方で，数カ月から数年の短い間隔でおきる気象・気候災害は，人びとの記憶に焼きつけられる．台風は毎年のように日本に上陸し，暴風・高潮・洪水などを引き起こして，人びとにさまざまな被害をもたらす．もちろんすべての地域で毎年必ず大きな被害が出るわけではないが，数年間隔で各地にもたらされる台風や梅雨前線によるさまざまな災害を，日本の人びとは「忘れず」，古くからさまざまな対策がとられてきた．洪水の被害を受けにくい微高地上への集落の立地，水害の発生を前提にした輪中における水屋の設置，地震には弱いが台風では飛ばされにくい重い屋根瓦の存在など，枚挙に暇がない．むしろ，大きな堤防で守られた低地に住宅が建設されるようになった今日では，洪水の被害を経験する時間間隔が長くなり，過去の水害の記憶を「忘れて」しまって備えが疎かになり，一旦堤防が決壊すると巨大な被害に結びつくようになった可能性が指摘できるかもしれない．

　それでは，その中間にある数十年の間隔で起きる気候災害は，どうであろうか．実は地球の気候の変動には数十年の周期性が普遍的に認められる．地球の気候は，太陽や火山噴火などの「外力の変化」と気候システムの「内部の振動」によって周期的に変動しているが，たとえば，太陽活動には顕著な 10〜20 年の周期性があり，気候システムを構成する太平洋や大西洋の大気海洋相互作用にも 20〜

50 年の周期的な変動パターンがあらわれる（川崎ら，2007）．結果として生じる気温や降水量の数十年周期での変化は，19 世紀以降の気象観測の開始によって，徐々に明らかになってきたが，同時に歴史時代の気候に関しても，後述するように高時間分解能の古気候復元研究の進展に伴って，数十年周期の気候変動が歴史上の至る所で発見されるようになってきている．

つまり，人類の歴史に影響を与えてきた気象・気候の変化には，数日単位で起きる日々の天気の変化から，数カ月，数年，数十年，数百年，数千年，数万年の気候変動まで，あらゆる時間スケールのものがある．災害の記憶を個人や社会が実質的に忘れてしまい，災害の再来への備えが疎かになる「災害の時間間隔」とは，どのくらいの長さなのか．そして，その「典型的な忘却時間」を越えた時間間隔で起きてしまう災害に対しても対応可能な社会とは，どのような社会なのか．過去数百〜数千年間にわたって詳細な気候変動データを提供し始めている高時間分解能の古気候復元研究の成果を，気候災害に関する文献史料・考古資料を用いた研究の中に組み込み，両者を詳細に比較分析することで，こうした問題に対する答えが出せる可能性があるのではないか．それが本論の主張である．

1.4　高時間分解能古気候学が生み出す新しい気温・降水量のデータ

気温や降水量は，産業革命以降，世界各地で継続的に観測されるようになり，現在は測候所の設置されている陸上だけでなく，人間のいない海洋や極域においても人工衛星などを使ってくまなく観測が行なわれるようになってきた．こうしたデータは，地球の気候変動の実態を詳細に明らかにしつつあるが，残念ながら人工衛星のデータは過去数十年分しかなく，地上の測候所における観測データも世界の多くの地域では 20 世紀以降に限られており，本論が対象とするさまざまな時間スケールの気候変動の影響を，歴史上の任意の時代に対して自由に議論できる状況にはなかった．しかし近年，気候変動に関する政府間パネル（IPCC）の取り組みの一環として，過去に起きた気候変動を世界中のさまざまな地域で，できる限り細かい時間解像度で，かつ精度良く復元しようとする取り組みが進み（PAGES 2k consortium, 2013），日本を含む東アジアでも，高精度・高時間分解能の古気候データが急速に蓄積してきている（Cook et al., 2013 など）．

　気温や降水量が過去の時代にどのように変化したのかを明らかにする古気候学という学問は，20世紀の末までは関連する別々の学問分野の中で細々と行なわれる小さな研究分野に過ぎなかった．具体的には，気候復元のための代替指標となりうる樹木年輪やサンゴ年輪，鍾乳石，堆積物，アイスコア，古日記，同位体比などを取り扱うことができる木材組織学，海洋生物学，堆積岩岩石学，海洋地質学，雪氷学，歴史学，地球化学などの専門家が，本業の片手間にサイドワークとして古気候復元を行なうことが多く，得られたデータについても，そのほかの代替指標による復元結果との比較や気候学的な解析に供されることも少なく，精度の検証も行なわれないまま放置されることが多かった．そうしたデータは，まさに玉石混淆であり，その一部は歴史の研究にも引用されてきたが，精度の低さや解釈の間違いなどを反映して，複数のデータが相互に矛盾することも多く，結果的に歴史学・考古学の側に「自分の歴史解釈に都合の良い古気候データのみを選別する」という姿勢を誘引して，気候変動という現象を歴史の解釈に組み込む際の大きな障害となってきた．しかし，地球温暖化という人類史的な気候変動の課題を前にして，国際的に古気候復元への期待が高まったことで，古気候学自身が世界的に変わらざるをえなくなってきた，ということが昨今の状況である．

　2013年に発表されたIPCCの第五次報告書への準備を契機として，国際的な古気候・古環境の研究プログラムであるPAGESでは，地球温暖化などの将来予測に用いられる複数の気候モデルの検証を行なうために，2009年から2k（2千）networkの取り組みを続けてきた．それは，気候モデルを用いて計算した過去千年以上にわたる古気候の再現計算の結果と比較する目的で，世界を八つに分けた大陸・地域ごとに過去2千年間の気候変動を年・季節の解像度で詳細に復元するというものである．アジアでも樹木年輪や古文書のデータベースをもとにして，年単位で詳細に気温や降水量の変動を復元するAsia 2kの取り組みが行なわれており，すでにアジア全域の数百地点に及ぶ樹木年輪幅のデータベースを統合して，西暦800年以降の東アジアの夏季平均気温の変動を年単位の時間解像度で明らかにすることに成功している（図1.1）．樹木年輪を使って夏の気温を復元する際には，一般に寒冷圏の樹木が用いられることが多い．その理由は夏の気温のわずかな変化でも，寒冷圏であれば樹木の成長に大きな影響があるからである．図1.1のデータには，それゆえ，アジアの中でも寒冷圏にあたるチベットやモンゴ

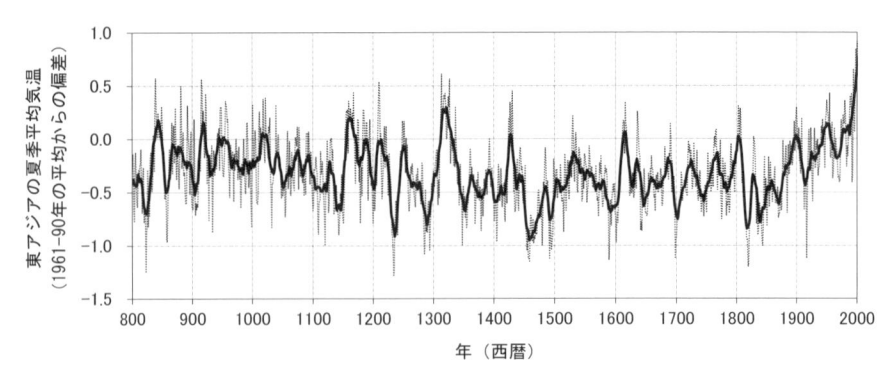

図 1.1　樹木年輪幅の広域データベースを用いて復元された東アジアの夏季平均気温の変動（Cook et al., 2013）

細点線が，年ごとの値，太実線が，11 年移動平均値を示す．

ル，ヒマラヤなどのデータが主に反映されているが，気温の変動には，もともとある程度の広域同調性があるので，後述するようにこのデータは日本の歴史事象とも強い関係性をもつ．さらに近世に限れば，日本各地の古日記データベースを用いた夏季気温の推定（平野ら，2013 など）や，日本付近に限った樹木年輪による古気温の復元も次々と行なわれつつあり（Ohyama et al., 2013；D'Arrigo et al., 2015 など），こうしたデータから日本の歴史上の気候災害，特に夏の気温の低下に伴う冷害の発生周期（発生間隔）を，明らかにすることができる．

　気温とは異なり，洪水や干ばつなどの気候災害をもたらす降水量の変動には，大陸スケールでの広域同調性はほとんどない．たとえば，中国の黄河流域が大干ばつに襲われても，同じ年に揚子江流域で大洪水が起きたりすることは珍しくない．つまり降水量の変動に関連した日本の気候災害の周期性を明らかにするためには，あくまでも日本，それも日本の地域ごとに，高時間分解能の降水量復元を行なうことが望ましい．これについては日記に天候の記載が厖大に残されていた近世であれば，地域ごと，年月日ごとの詳細な降水量の推定が可能である（水越，1993 など）．一方で日本では，もともと降水量が十分に多いため，樹木の年輪幅，すなわち樹木成長量の年々の変化に対して降水量の大小が影響することはほとんどない．そのため樹木年輪から降水量の復元を行なうことは難しく，日記の史料も乏しい中世以前の日本各地における降水量の変化を一年単位で復元することは，これまでまったく不可能であった．

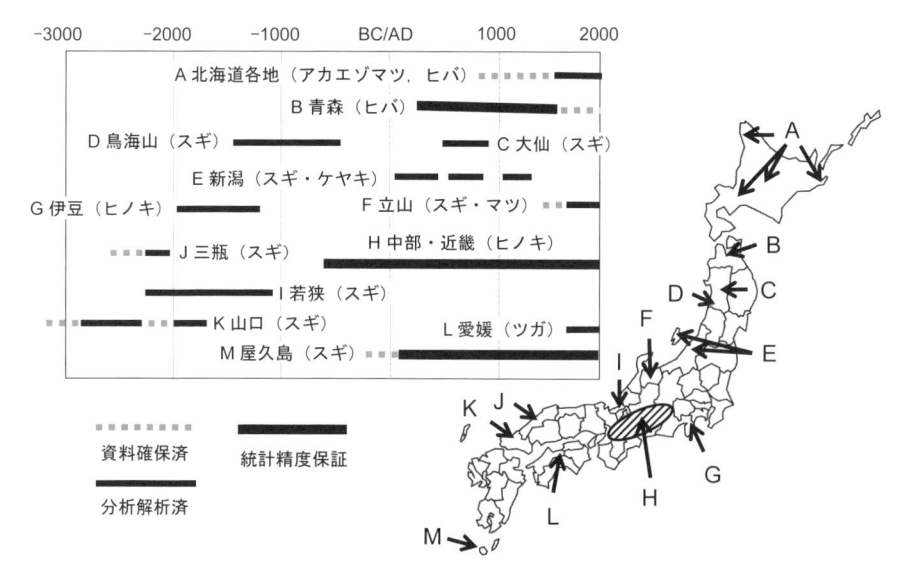

図 1.2　日本全国における樹木年輪セルロース酸素同位体比のクロノロジーの整備状況（2017 年までの状況）

　しかし近年，歴史時代の夏の降水量の経年変動を正確に復元できるまったく新しいブレークスルーが発見された．樹木年輪セルロースの酸素同位体比である．樹木年輪に含まれるセルロースの酸素同位体比は，年輪幅よりもはるかに測定が面倒な指標であるが，夏の降水量（直接的には夏の相対湿度と降水同位体比）を正確に反映して，異なる樹種間・個体間でも同調して変化することがわかっている（中塚，2012；2014；2015 など）．現時点で，図 1.2 のように日本のさまざまな地域や時代から，年輪セルロースの酸素同位体比のデータは取得されつつあり（木村ら，2014 など），今後，順次公開されていく予定である（中塚，2016）．これらのデータから，過去に起きた洪水や干ばつなどの気象・気候災害の発生周期（発生間隔）が，詳細に明らかにされつつある．

　こうした歴史時代における最新の気温や降水量の経年変動のデータは，復元のために統合された樹木年輪データの数の多さという点（気温の場合：Cook at al., 2013）および，新たに導入された樹木年輪セルロース酸素同位体比という代替指標の精度の高さという点（降水量の場合：中塚，2014）からみても，古気候復元の正確性と時空間的な解像度・被覆度を飛躍的に向上させるものである．それゆ

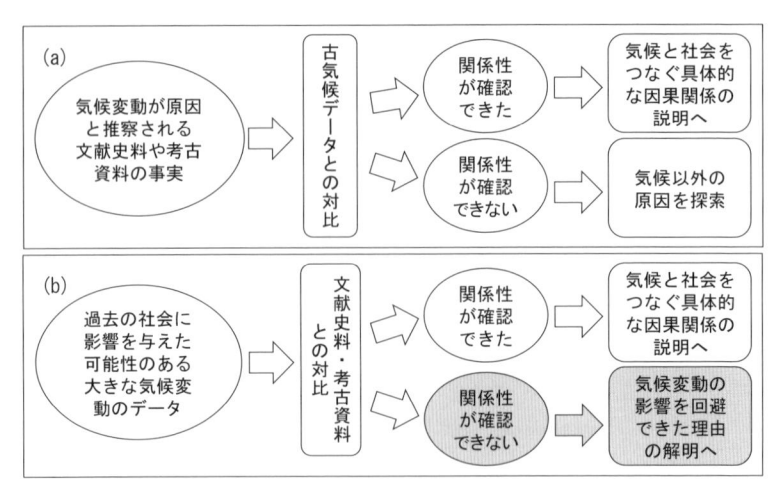

図 1.3　これまでの歴史学・考古学における歴史と気候の関係の解析（a）と高時間分解能
古気候データから始まる新しい歴史と気候の関係の解析（b）

え，そこから導かれる各時代・各地域における冷害や水害，干ばつなどの気候災
害の発生周期（発生間隔）に関する知見を，厖大な文献史料や考古資料の記録と
重ね合わせることにより，第一に，気象災害の最も顕著な影響例である飢饉の発
生やそれによる人口の変動などに対して，災害の発生周期が何らかの影響をもた
らしたかどうかについて，客観的に明らかにすることができる．すなわち，どの
くらい災害の発生間隔が長くなれば，人びとは過去の災害を「忘れて」しまい，
災害の被害が増幅するのかを，時代ごと，地域ごとに明からにできる可能性があ
る．第二に，その増幅の在り方に時代や地域間での相違があれば，どのような社
会の在り方が，災害の発生間隔が長くなっても被害の拡大を食い止めることに役
立つのか，歴史から貴重な教訓を得ることができるかもしれない．

　こうした研究の在り方は，従来の歴史研究における気候データの取り扱い方と
はまったく異なる新しい可能性をもっている（図1.3）．これまでも歴史の研究で
は，気候変動・気候災害が歴史の展開に何らかの影響を与えた可能性が，古気候
データを引用して議論されることはたびたびあった．しかしその議論は，あくま
でも文献史料や考古資料から出発するものであったため，それらの史料・資料の
中に気候災害の影響が推定できる事例だけが，議論の対象となってきた（図
1.3a）．しかし防災・減災の観点から災害の被害を拡大させないことを念頭におい

て，もう一度，歴史の事例をくまなく精査する際には，むしろ「古気候データからは，気候変動が大きく生じ，気候災害の発生が予想される時代であっても，文献史料や考古資料には，その被害が余り確認できない事例」，すなわち，防災・減災に成功したと考えられる事例からこそ，多くのことを学ぶべきではないだろうか．古気候データから出発する気候災害史の研究は，そうした「歴史における防災・減災の成功例」を発掘することができる，まったく新しい研究の方法論になりうる（図1.3b）．

1.5 数十年周期変動の重要性
（問①への答え）

1.2 節の最後に示した問①，すなわち「天災は忘れた頃にくる」という仮説の真ぴょう性に対して，最新の気温や降水量の復元結果は，何を示唆するであろうか．近世，中世，古代と順を追って，歴史上に確認できる気候変動の周期と当時の社会の応答の在り方の間にどのような関係性があるか，検討してみたい．

よく知られているように，近世には天明・天保の大飢饉など，冷害に起因する大規模な気候災害が，東北地方を中心に頻発した．江戸時代はもともと小氷期に当たることから，「近世の気温は低く，全般的に冷害が起きやすかった」という議論がこれまでの歴史解釈の前提とされてきたが，実際には図1.4 に示すように，日本を含む東アジアの夏の気温は，近世においても数十年の周期性をもって大きく変動していた．すなわち，冷害を招く夏季気温の低下という気候災害は，約30〜50 年の間隔で発生していたことが，最新のデータで改めて明らかとなった．元禄，宝暦，天明，天保の飢饉は，まさにそうした数十年ぶりに訪れた気候災害の影響を，まともに受ける形で発生しており，当時の人びとが社会全体として，その前に起きた同様の気候災害（冷害）の教訓を「忘れて」しまったことで，被害が大きくなった可能性が指摘できる．実際，冷害による凶作や飢饉の直後には，多くの地域で，社倉・義倉などの穀物の備荒貯蓄が行なわれ，冷害に強い稲の品種や稲以外の作物の栽培が奨励されたが，温暖期が続いて米の豊作が常態化すると，そうした冷害への備えは疎かになり，むしろ冷害は米の先物取引価格の上昇を伴うことから，東北地方などでも備荒貯蓄米の市場への売却を誘引し，運悪く実際に凶作になった場合は，その被害を増幅させることにつながった（菊池，

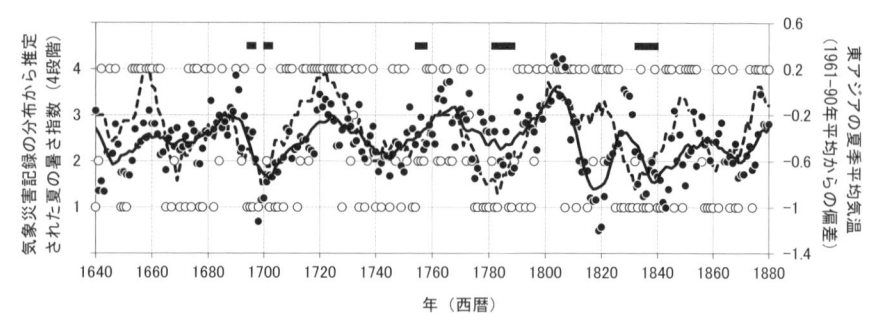

図 1.4　近世における気象災害記録の分布から推定された日本の夏の暑さ指数（Maejima and Tagami,
1986. ○：年ごとの値，点線：11 年移動平均値）と，年輪データベースから復元された東アジ
アの夏の平均気温（Cook et al., 2013. ●：年ごとの値，実線：11 年移動平均値）の変化
図の上部の黒い横線は，東北地方における大飢饉の発生年を表す.

2003）．近世日本の全国米市場において，世界に先駆けて発達した米の先物取引
制度（高槻，2012）の下で，数十年ぶりの気温の低下は，凶作への警鐘となるど
ころか，格好の投機のチャンスと受け止められてしまったわけである.

　Asia 2k の取り組みの中で復元された年単位の夏季気温の変動（Cook et al.,
2013）は，西暦 800 年まで遡るものであり，中世の全体に対しても，近世と同じ
ような気温と社会の関係の解析を初めて可能にする．図 1.5 に東アジアの夏季平
均気温の変動を，藤木久志（2007）が集計した日本各地の古文書や日記に表れた
年あたりの飢饉の報告件数（「飢」という文字を含む記録数）の変遷とともに示し
た．東アジアの夏季平均気温は，10 世紀から 12 世紀半ばまで，小刻みに変動を
繰り返しながら徐々に低下していくが，12 世紀半ば以降，15 世紀後半までの間，
きわめて大きな変動を示すことがわかる．特に数十年周期での気温の振幅が大き
くなるのが，この 3 世紀半の期間の特徴である．一方で飢饉の報告件数は，その
期間に激増し，特に数十年間にわたって続いた温暖期の直後の寒冷期に，飢饉が
多数報告されていることがわかる．全国規模で多数の飢饉の報告がある寛喜の飢
饉（1230〜1231 年）は，12 世紀半ば以降，70 年以上にわたって続いた温暖期が
終わり，急激に寒冷化する際に起きた．当時の多くの人びとにとって，冷害とい
う気候災害は，未曽有のものであったに違いない．戦国時代の先駆けとなる応仁
の乱につながる寛正の飢饉（1460 年）も，15 世紀前半の数十年間にわたる温暖期
が終わり，寒冷化の極に達した際に発生した．こうした事実は，気温が数十年周

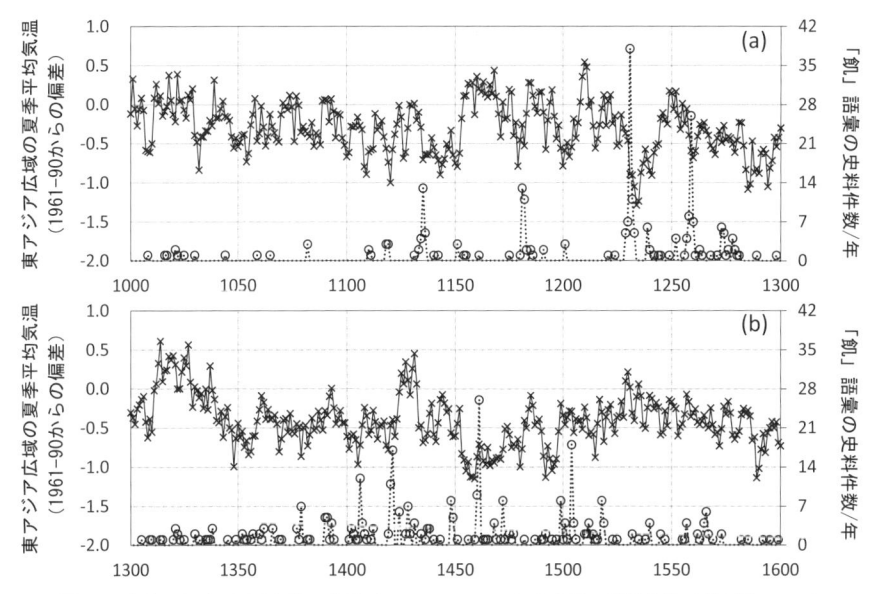

図 1.5 中世における夏季気温の変動（Cook et al., 2013）と飢饉の記録件数（藤木編, 2007）
×：東アジアの平均気温，○：中世の気候災害史料における「飢」の文字を含む文書の年ごとの数.

期で大きく変動すること，すなわち冷害という気候災害が数十年の間隔をおいて
発生したことにより，多くの人びとが以前に起きた冷害を「忘れて」しまうこと
で被害が増幅した可能性を示唆している．実際には，同じような数十年周期の気
温の変動が生じても，14 世紀には，飢饉の報告件数は少ない．これが，気温自身
が少し高めであったことに起因するのか，南北朝内乱という戦乱によって飢饉の
存在が古文書からかき消されてしまったのか，あるいは，実際に飢饉の発生が少
なかったのか，現時点では結論が下せる状況にはないが，次項の解析とも関係し
て，14 世紀は 13 世紀や 15 世紀との間で興味深い対称性を示している．

　奈良時代以前の先史・古代については，残念ながら現時点では，日本の歴史に
応用できるような一年単位の気温データは取得できていない．弥生時代以降，稲
作を主な生業としてきた日本社会では，気温の変化，特に夏季の低温化による冷
害が，最も大きな気候災害の一つであったことは，近世・中世の事例（図 1.4,
1.5）から容易に想像できるが，近・現代の日本の水稲統計データ（農林水産省・
作物統計）や，近世の年貢割付帳の記録と年輪酸素同位体比の変動を比較した研

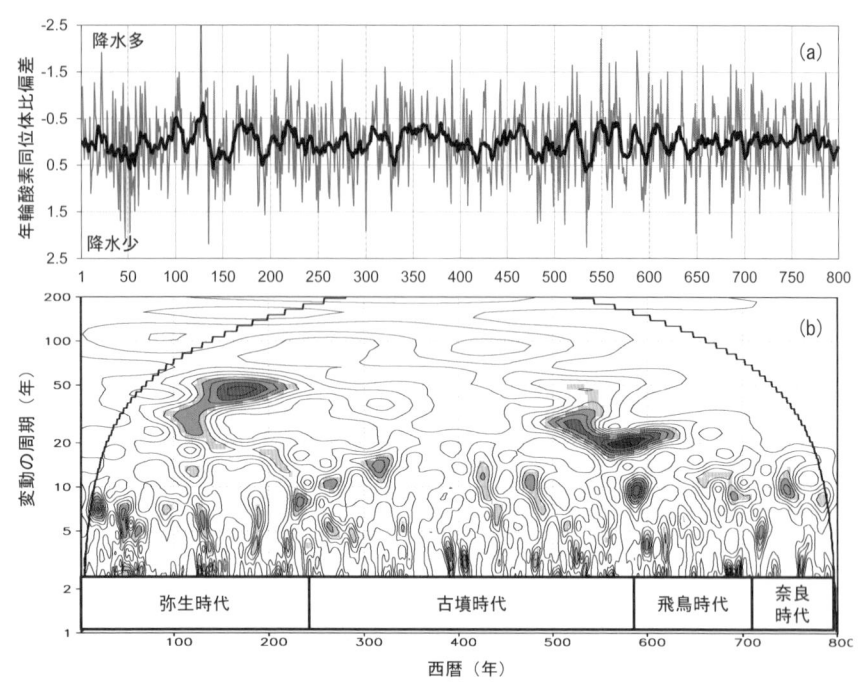

図 1.6　中部・近畿で得られた紀元 1 〜 8 世紀の年輪セルロース酸素同位体比の変動（a）とその変動周期の時間変化を示す Wavelet 解析図（b）
同位体比は, 樹齢効果の影響を取り除くため個体ごとに長期トレンドからの偏差をまず計算し, それを年ごとに個体間で平均して表示. 灰と黒の実線は, それぞれ年ごと, および 11 年移動平均の値. Wavelet 解析図は, オランダ王立気象研究所の Climate Explorer を使用して計算した.

究（鎌谷ら, 2016）などからは, 東日本の冷害とともに, 西日本の水害が, 当地の稲作に大きなダメージを与えてきたことがわかっている. それゆえ年輪セルロースの酸素同位体比から推定できる夏の降水量の変動を日本史の史実と比較することで, 先史・古代においても気候災害（水害・干害）の発生頻度・発生間隔と人間社会の対応の関係性について, 議論することができるかもしれない. 図 1.6 に, 弥生時代後期から奈良時代までの本州中部のヒノキ年輪のセルロース酸素同位体比の経年変動パターンを, その変動周期が時代とともにどのように変化したかを表す Wavelet 解析図とともに示す. 図 1.6 からは, 2 世紀と 6 世紀に酸素同位体比（夏季降水量）の変動が大きくなり, 特に 20〜50 年周期での変動の振幅が拡大したことがわかる（中塚, 2017）. その同じ時代に, それぞれ弥生時代末期,

古墳時代後期を特徴づける大きな社会的動乱，すなわち倭国乱（140〜180 年頃）や磐井の乱（527 年），武蔵国造の争い（534 年）が起きたことが知られている．これを気候災害の発生間隔という観点から解釈するならば，大規模な洪水，あるいは干ばつといった災害が再来するまでに，20〜50 年という間隔が開いてしまったことで，当時の人びとは，前回の同種の災害を「忘れて」しまい，洪水，あるいは干ばつに対する備えを恒常的に維持できず，その影響を真正面から受けてしまって，さまざまな社会的緊張を生む原因となった可能性が指摘できるかもしれない．図 1.6 にみられるように「数十年周期での降水量の変動振幅の拡大期が，時代の転換期に対応している」ということは興味深い．このことは実は，弥生時代から近世まで日本史の全体に対しても普遍的に当てはまることなのである（Nakatsuka et al., 2019）．

　気候災害の発生間隔という観点から，最新の年単位での古気候データを，近世・中世・古代における飢饉や戦乱などの史実と比較してみると，「数十年という時間は，人間社会がその前に起きた災害の記憶を実質的に忘れ去るのに必要十分な時間である」という新たな作業仮説を提案することができる．数年間隔で起きる災害であれば，人びとの記憶には，前回の災害の記憶が生々しく残っているはずである．しかし数十年（以上）の時間間隔をおいて，あるとき突然再発する災害の場合は，災害の種類が地震・津波や火山噴火であれ，冷害や水害・干害であれ，人びとに災害への備えを疎かにさせる．数十年の寿命をもつ人間が，自分の記憶を保持しておける最長の期間は数十年のはずだが，実際には 10〜20 年の単位で頻繁に新しい世代が生まれ，災害を経験しない人びとが続々と社会に加入してくることを考えると，10〜20 年以上，同種の災害が起きなければ，人間社会は総体として，その災害の記憶を「忘れて」しまうのではないだろうか．

　この作業仮説は，しかし，引き続く歴史研究の課題を生起するための出発点に過ぎない．すなわち，「数十年以上の発生間隔をおいて再来する災害に対して，人間社会は脆弱である」ということがおおむね真実であったとしても，数十年の間隔をおいて発生した歴史上の数多くの気候変動のすべてにおいて，人間社会が大きな被害をこうむったとは限らない．むしろ，歴史の中にその「例外」を探すこと，そして，その「例外」を生む背景の中にある「平常時の要因」を理解することこそが，災害史研究の一つの焦点になるに違いない．

1.6　歴史事例を比較分析する統計学的解析の可能性
（問②の研究方法）

　前節で述べたように，先史・古代から現在まで日本史の時間・空間座標の中には，「数十年周期の大きな気候変動が，社会に大きな被害をもたらした」と考えられる見かけの事例が数多く存在する．次の課題は，1.2 節の問②に答えること，すなわち数十年以上の間隔をおいて大きく気候が変化した無数の事例ごとに，第一に，「当時の人びとが，実際にどの程度の影響を受けたのか」，第二に，「その影響の大小を決めた要因は何なのか」について解明することである．ここでは，まだ実際の歴史事象への応用を始めたばかりの試論の段階であるが，それに向けた理論的な枠組みについて提案してみたい．

　歴史上の多数の事例を客観的に比較分析するためには，まず定量的な統計解析の手法を適用できる因果関係のモデルを構築する必要がある．図 1.7 に，その概念的なモデルを示した．ここでは，大きな気候変動という「原因」が，さまざまな社会的・自然的な「要因」の影響を受けながら，農業生産量や栄養摂取率，出生率・死亡率の変化といった中間過程を次々と経て，人口の減少や飢饉・戦乱の発生といった「結果」につながっていく一連の道筋を，できるだけ単純化・普遍化して表してある．このモデルは気候変動に始まる因果関係を表したものであり，ここに表した「要因」も気候変動に直接関係するものが多いが，後述するように，解析の際にどのような「要因」を設定するかは，実は自由であり，事例解析を進める中で，地震や火山噴火などのほかの災害に対する社会の対応能力にも関連した，より普遍的な「要因」が浮かび上がってくる可能性は十分にあると考えている．

　この概念モデルを使うことで，多数の事例を対象に，どのような統計的解析が可能になるであろうか．ここでは，次のような二段階の解析方法を提案したい．まず上述の第一の課題，すなわち数十年間隔で大きな気候変動が起きた際に「当時の人びとが，実際にどの程度の影響を受けたのか」を，歴史の事例ごとに客観的に評価するために，「原因」としての気候変動の大きさ（たとえば気温の低下率）と「結果」としての被害の大きさ（たとえば人口の減少率，飢饉の発生数）の間にどのような関係性があるかについて，歴史上の各時代・各地域の事例における

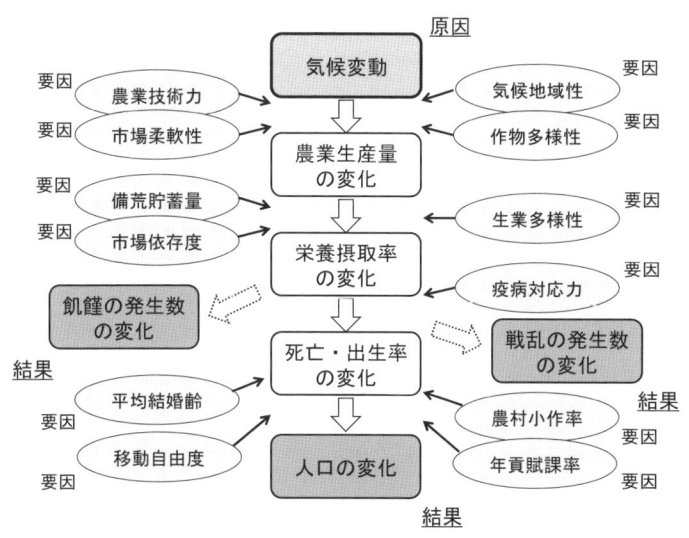

図 1.7 気候変動に対する社会応答の因果関係についての概念モデル

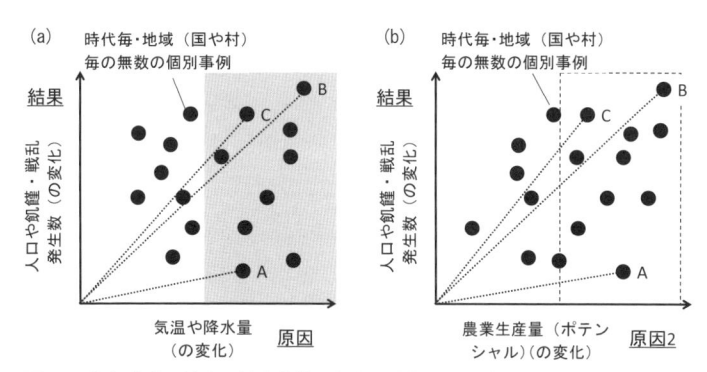

図 1.8 気候変動に対する社会応答の大きさ (a), および気候変動によって生じる
農業生産量の変化に対する社会応答の大きさ (b) を分類するためのグラフ

「原因」と「結果」の大きさを，それぞれ x 軸と y 軸においた二次元グラフ上の点
として，一つひとつプロットする（図 1.8a）．この場合，その事例を表す点がグラ
フ上のどの位置にプロットされるのか，つまり左上なのか，右下なのか，右上な
のか（より詳細には，その事例の点と原点を結ぶ傾き（y/x）の大きさ）が，「「原
因」が「結果」に与えた影響の大きさ」を客観的に表すものとなる．ここでは，
大きな気候変動が起きた際の社会の対応を考察の対象とするので，主にグラフの

右側の灰色の領域の事例を扱うことになると考えられる．図 1.8（a）では，x 軸として「気候変動の大きさ」が設定されているが，実際にはたとえば，大きな気温の低下が起きても，東北地方で冷害が起きるのに対して，もともと気温の高い九州地方では冷害の被害は起きにくい．このことは，図 1.7 に示した多数の要因の一つとして「気候地域性」があげられていることにもあらわれているが，以後の解析において対象とする「要因」を社会的なものに絞り込むために，この「気候地域性」の影響をキャンセルして表示したのが図 1.8（b）である．つまり，x 軸として「気候変動の大きさ」を与える代わりに，地域ごとに「農業生産量のポテンシャルの変化」を，気温や降水量などの古気候データの変化から推定して与えることができれば，より正確な解析が可能になるものと思われる．この推定には，近・現代の水稲統計や近世の年貢割付状（免定）（鎌谷ら，2016 など），坪刈記録（佐藤，1987 など）などの地域ごとの農業生産力に関する統計データを，気象観測データや古気候復元データと対比することで導かれる，地域ごとの「気温・降水量と農業生産量の関係」に関する定量的関係式を用いることができるはずである．

　次に上述の第二の課題，すなわち数十年間隔で気候の大きな変化が起きた際に，「当時の人びとに対する影響の大小を決めた要因は何なのか」を明らかにするために，図 1.8（a）または（b）で得られた各事例における「影響の大きさ」を y 軸に，事例ごとに定量的に得られる可能性のある任意の社会統計データ（要因の候補）を x 軸において，二次元グラフを作成する（図 1.9）．この図 1.9 の x 軸に当てはめられる「要因」には，どのようなものがありうるであろうか．現時点では，その範囲を絞り込むことはできないが，それが近世の地域ごとの事例の比較であれば，まず「藩の財政の市場依存度」とか「藩内での社倉・義倉の設置率」とか，無数にある事例群の一部からだけでも取得可能なあらゆるデータが想定できる．それが中世の時代間での事例の比較であれば，政治・経済体制の時代間での違いを表現できる何らかの指標（たとえば，「単位年あたりの幕府の法令の発布数」とか）が試されることになるであろう．図 1.9 のグラフ上のデータの分布がどのような形になるかは，現時点でまったく予想できないが，さまざまな「要因」を x 軸として図 1.9 を多数作成する中で，有意な関係性を見つけることができれば，その x 軸の変数の一つひとつが，ここで明らかにすべき「気候災害を回避するた

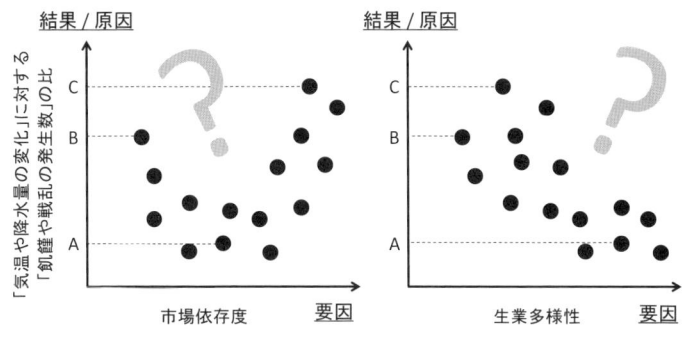

図 1.9 気候変動に対する社会応答の大きさを決めている要因を明らかにするためのグラフ

めに社会において考慮すべき重要な要因」の候補になるはずである．

　図 1.8 や図 1.9 のような解析手法は，歴史の研究においてこれまでに用いられたことのないものと考えられるので，さまざまな疑問が生じうる．中でも最大の疑問として，「人口や飢饉・戦乱発生数の変化が，すべて気候変動の影響で決まっているはずがない」という事実がある．これは近・現代の経験を紐解くまでもなく自明であり，実際に少数の事例を図 1.8 上にプロットして，その結果を図 1.9 に応用しても，その点の分布の意味を議論する前に，「気候以外の要因」を精査する必要が生じ，意味のある解析が進められなくなることは容易に想像できる．では，こうした解析には意味がないのか．ここではしかし，「統計的解析」という言葉の意味を強調したい．すなわち図 1.8 や図 1.9 には，文字どおり「無数の事例」がプロットされることを想定している．実際，近世であれば，国ごと，あるいは村ごとに，幕府の人口調査や宗門改帳などの形で人口のデータは記録されており，気温や農業生産量の変化（x 軸）に対して，どのような人口の変化（y 軸）が生じたかについて，時代や地域を越えて文字どおり無数の事例を，図 1.8 上にプロットすることができるはずである．そこで得られた「影響の大きさ」を図 1.9 の y 軸に用い，任意の「要因」を x 軸において分析を行なう際には，個別の事例に含まれている気候変動以外の隠された「原因」や x 軸に示される「要因」以外のそのほかの「要因」の影響は，グラフ上の事例群の点分布のバラつきの大きさとして表れてくるはずである．つまり，「気候変動という原因」や「解析対象としている要因」以外の事項からの影響が大きいときには，図 1.9 の相関が低くなる

ことで「答え」が得られないし，逆に，そうした影響が少ないときには，図1.9の相関関係が有意に高くなって「答え」（すなわち，x軸に示された要因が気候変動による社会の被害の大きさを考える上でとても重要である，という答え）が自然に導かれるはずである．歴史の研究に統計解析を持ち込む大きな目的の一つが，そうした答えを導く手続きを規格化することにあり，図1.7の概念モデルの外部からの影響の大小については，図1.8，図1.9の解析の中で統計的に評価可能であると考えられる．

現時点では，本章で述べた「気候災害の社会への影響の大小及びその規定要因」に関する統計的な解析方法は，図1.8（a）に対応する部分だけについて，次節に示すような試みを行なっているだけの未熟なものである．今後，実際の多くのデータを用いた事例群の比較分析を行なっていく中で，さまざまな問題が発生する可能性があり，次々と修正をしていく必要があるものと思われるが，こうしたアプローチは図1.3（b）に示した「高分解能古気候データから始まる新しい歴史と気候の関係の解析」を可能にする有効な方法論の一つになると考えている．

1.7　時代を越えて気候と社会の関係を比較する
—中世の二つの事例から—

本節では，前節で示した「気候変動が社会に与える影響」の定量的分析法の枠組みの中で，特に図1.8（a）の応用例として，以下の二つの事例の解析，すなわち，中世における「気温変化と飢饉記録件数の関係の時代間比較」と「降水量と紛争記録件数の関係の時代間比較」を行ない，それぞれの関係性を図1.8（a）に対応する二次元グラフ上で定量的に表して，時代ごとに「当時の社会が実際に気候変動の影響をどの程度うけたのか」を明らかにすることを試みる．

(1) 中世における気温変化と飢饉記録件数の関係の時代間比較

図1.5に示したように，中世でも近世と同じように，十年以上にわたって長く続いた温暖期のあとの気温の急落によって，多数の飢饉の発生が報告されてきた．その中でも，最多の記録数を伴う飢饉は，寛喜2〜3年（1230〜1231年）に起きた寛喜の飢饉である．寛喜の飢饉の「直前の長期にわたる暖かさ」と飢饉に際しての「気温の急落」は，おそらく日本史全体の中でも最も典型的な「飢饉を

もたらしやすい気温の変化」であったといえよう．一方，引き続いて起きた正嘉の飢饉（正嘉 2（1259）年）のあとは，1420 年の応永の飢饉の頃まで，いわゆる飢饉の記録件数が集中する年はあまりない．この間は，気温や降水量の変動は引き続き激しく，次項にも示すように決して社会が安定していたわけではないが，飢饉の記録件数自体は少なかった．その背景には，図 1.3（b）で想定した「気候変動の影響を回避できる社会」の本質が隠されている可能性がある．現時点では，その結論を導けるだけの論考，すなわち前節でいうところの図 1.9 の議論はできあがっていないが，その前の図 1.8 のステップとして，中世の気温の変動と飢饉の記録件数の関係を定量的に把握しておきたい．実際，寛喜の飢饉が，典型的な気温の数十年周期での大きな変動によって引き起こされたということは，データからは明瞭に想像できるが，そのほかの時代の気温の急落イベントについても，それらがどのように飢饉と連動していたのか（あるいはしていなかったのか），気温の変化幅と飢饉記録件数の関係を，定量的に比較し，事例ごとの関連性の大小を正確に分類しておくことは，その次の論考を客観的に進めるために，必要なことだからである．

　図 1.5 では，中世の西暦 900 年から 1600 年の間を対象に夏の気温の経年変動と飢饉の年ごとの記録件数を重ねて表示したが，ここで気温には Cook ら（2013）によって復元された東アジアの平均気温を用いているので，気温変化の年代については日本国内のデータと多少のズレがありえることに留意しておかねばならない．また気温の低下に伴う飢饉は単年度で終わるとは限らず，備蓄穀物の払底を経て，数年かけて顕在化する可能性もある．それらのことを前提として，図 1.10 に，直前十年間の平均気温に対する東アジア全体での気温の下げ幅が 0.4℃ を越えていた年を対象に，その年を含む以後 5 年の間に何件の飢饉の記録があったかを，気温の変化幅を x 軸，飢饉の記録件数を y 軸とした二次元グラフで表示した．5 年の幅をもたせたのには，上述のように，気温の低下が実際の飢饉を引き起こすまでには食糧備蓄との関係からある程度の時間差がありえることに加えて，この気温のデータが東アジアの平均気温という形で計算されたものであり，日本の気温と比べた際には，一定の誤差を含んでいる可能性があることによる．図 1.10 は，気温の低下という外力が大きいほど，飢饉の規模も大きくなることを示唆しており，寛喜，正嘉，寛正，養和の飢饉といった巨大飢饉が，実際に大きな気温

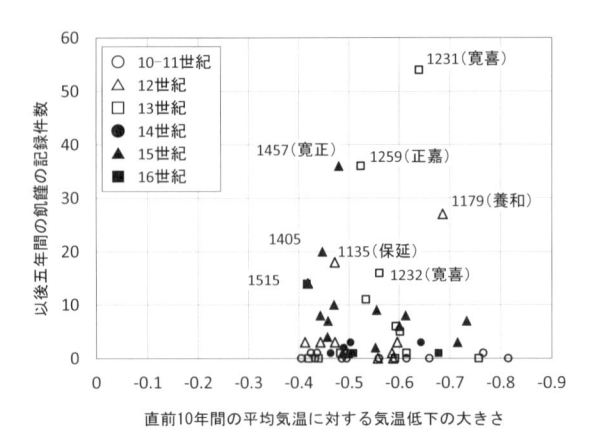

図 1.10　気温低下の大きさと飢饉の記録件数の関係を明らかに
するためのグラフ

データは図 1.5 によるが，飢饉の記録件数は，その年を含む以後
5 年間の積算件数を用いた．図中の数字は，気温低下が計測された
西暦年を表し，元号はその直後に起きた顕著な飢饉の名称を示す．

の低下によって引き起こされたことを証明している．一方で，よく知られた応永
の飢饉（1420 年）や永正の飢饉（1504 年）は，この図には表れておらず，こうし
た飢饉が，史実が示すように冷害よりも酷暑を伴う干害によって生じた数少ない
大飢饉であったことと一致している．

　図 1.10 では，しかし，気温の低下が大きくても飢饉の記録件数が少なかった事
例がたくさんあることのほうが，むしろ重要である．その中でも，史料の残存数
が少ない 12 世紀まではともかくとして，史料の数が必ずしも少なくない比較的
新しい時代（13 世紀以降）の事例群が注目に値する．特に 13 世紀後半から 14 世
紀において，気温の下げ幅が十分に大きいにもかかわらず飢饉の記録件数が少な
い事例がたくさんある．現時点では，その要因について定量的な議論ができる社
会統計的データは十分に整備されていないが，一つの可能性として 13 世紀後半
以降の流通経済の発展が背景にある可能性がある．つまり，13 世紀の寛喜・正嘉
の飢饉が起きたときには，凶作地域に食料を運び込める流通の機能が十分に整っ
ておらず，日本各地で飢饉が発生してしまったが，13 世紀後半に流通経済が発展
していくにつれて，食料の非凶作地域から凶作地域への輸送によって飢饉の発生
を緩和することができるようになり，14 世紀を通じて飢饉はあまり起こらなくな

ったのではないであろうか．しかしその後，流通経済の発達自体に伴って，地方からの物資の供給に過度に依存した都市の経済が形成されるにつれて，15世紀以降，寛正の飢饉などの都市型の飢饉が，京都を中心に発生するようになる，という可能性である．今後，流通経済などの要素を x 軸に取り入れた，図1.9の解析への展開が期待される．

(2) 中世における降水量と紛争（悪党）記録件数の関係の時代間比較

1.5節では，先史・古代から近世までの日本史の全体を通じて，降水量の数十年周期での変動振幅が拡大する時期に，日本各地で水害などの災害が頻発し，地域紛争が発生して，社会の転換が促されてきた可能性についても考察した．ここでは史料が比較的よく残っていて，しかも近世のように社会の統制がとれていなかった時代の事例として，13〜14世紀における降水量の数十年周期変動の振幅拡大がもたらした社会への影響について議論する．伊藤・中塚（2017）は，『鎌倉遺文』(竹内編, 1995)によって全国の文書が網羅されている鎌倉時代を対象にして，「悪党」という言葉が記録されている文書の数が，「降水量」が増大する年代に顕著に増大することを発見した．「悪党」とは，鎌倉時代の地域紛争の当事者であった荘園の領主が，紛争の相手方の取締りを幕府に命じるよう朝廷に請願する際に用いた用語であり，その使用頻度は地域紛争の発生頻度に対応しているものと推察できる．そこで，ここでは「悪党文書」と「降水量」の関係性について，その時代間での定量的比較，すなわち前節の図1.8（a）の解析を試みる．

図1.11に鎌倉時代を対象として，夏季降水量と負の相関をもつ樹木年輪セルロースの酸素同位体比の気候変動成分（Nakatsuka, et al., 2019）と悪党関連文書の『鎌倉遺文』の全文書数に占める割合の変動を重ねて示した．図1.11からは，鎌倉時代の後半になって，降水量の数十年周期変動の振幅が拡大するとともに，悪党の報告頻度が増大し，特に降水量が多くなる（年輪酸素同位体比が低くなる）時期に，悪党の出現が顕著になるという明確な関係性が認められる．降水量の急激な増大から推察される水害の発生が，どのように「悪党」の発生につながりうるのか，その因果関係については，鎌倉時代の悪党についての既存の研究をふまえると，少なくとも以下の二つの可能性が指摘できる．一つは，土砂崩れや河川の流路変化などを伴う大規模な水害で被災した荘園において，その復旧・復興の

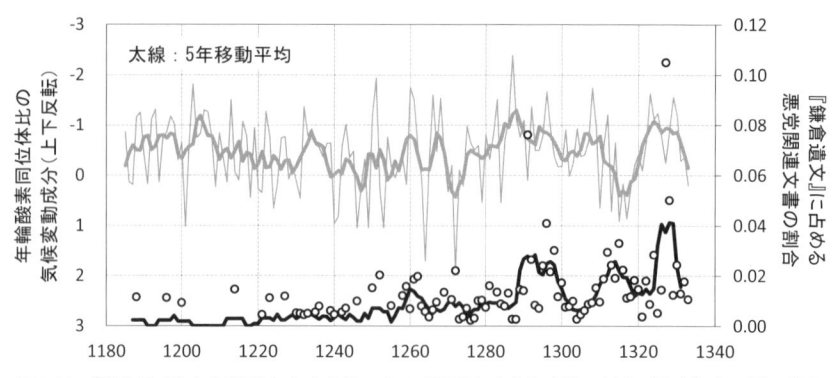

図 1.11　『鎌倉遺文』に収録された全文書の中の「悪党」を含む文書の割合（白丸）と，夏の降水量と負相関をもつ本州中部の年輪酸素同位体比の気候変動成分（灰実線：Nakatsuka et al.（2019）を改変）の経年変動

過程でしばしば発生したと想像できる荘園間の境界争い（境争論）に際して，一方の荘園の側が，暴力行為に及んだ相手方の荘園の関係者を「悪党」と名指しした可能性であり，もう一つは，度重なる水害などの気候災害によって稲などの収穫量が激減し，荘園から領主への年貢の滞納が発生する中で，領主からの年貢の上納請求に対して，荘園の代官が開き直り（開き直らざるをえなくなり）領主に敵対を始めたことで，領主が代官を「悪党」と名指しして，幕府による取締りを依頼するようになった可能性である．前者の場合は，災害が起きたその時点よりも数年遅れた復旧・復興過程で，「悪党」が発生することになるが，後者の場合は，稲の収穫量が激減した時点で，すぐに代官が「悪党」化する可能性もある．

　図 1.12 は，図 1.11 に示した二つの時系列データの関係を時代間で比較するために，それぞれのデータを x 軸と y 軸の値として表示した二次元グラフである．ここで x 軸には，年輪酸素同位体比の気候変動成分の 5 年移動平均値を，y 軸には『鎌倉遺文』に収録された悪党関連文書の全文書に占める割合の 5 年間積算値を，それぞれ示している．前者の 5 年移動平均値が，その年と前後 2 年ずつの計 5 年の平均を示すのに対して，後者の 5 年間積算値は，その年から以後 5 年間の積算値を示していることに注意してほしい．つまり悪党のほうが降水量と比べて，約 2 年後のデータが同じ点に表示されていることになる．これは水害が悪党発生に至るまでの時間差を考慮したものであるが，上述のように時間差は事例ごとに異な

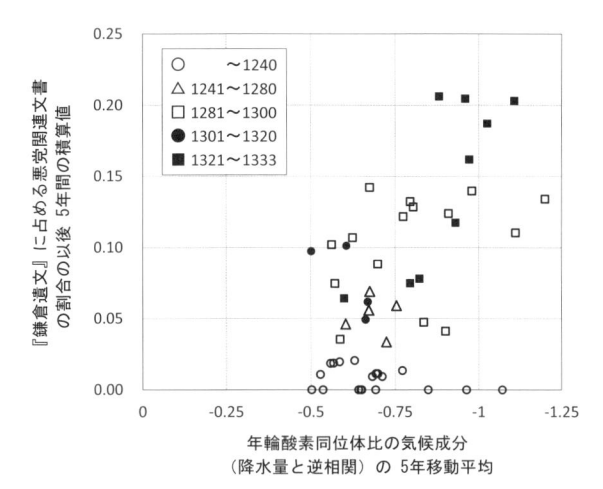

図1.12 降水量と悪党報告件数の関係を明らかにするためのグラフ
データは，図1.11 によるが，時代間での関係性の違いを明らかにするために，時代ごとに異なる記号で表示した．

る可能性もあり，現時点では一定の曖昧さを含んでいることも事実である．

　図1.12 では，特に降水量が多い時代に注目して，降水量と悪党発生頻度の関係を比較するために，降水量が一定の基準より多い（年輪酸素同位体比の気候成分が−0.5 よりも低い）時代に限ってグラフを表示した．そこからは，おおむね降水量が多い時代ほど，悪党の発生が多くなるという関係性がみてとれる．特に，鎌倉時代の後期には，数十年の周期で降水量が激しく変動し，その増大期には，降水量の増大に合わせるかのように，「悪党」が大量に発生していた．しかし，ここでも重要なことは，降水量が増大しても「悪党」の発生にはつながらない時代もあるということである．鎌倉時代の前期がそれに当たる．もちろん歴史学的には，鎌倉時代の前期には「悪党」という言葉自体が，まだ鎌倉時代後期の意味では使われ始めていないので，「悪党」が発生しないのは当然ともいえるが，その言葉が発生していなかったということをもって，悪党が発生するような社会情勢も発生していなかったということもいえるかもしれない．いずれにしても，今後，より詳細な地域ごとの解析や，南北朝時代を含めたより新しい時代の解析を合わせて進めることで，こうした気候災害と地域紛争の関係が，より詳細に議論できるようになるものと期待できる．

1.8　まとめと今後の可能性

　本章の前半で述べたように，高時間分解能の古気候データから出発する新しい
災害史研究の目的は，以下の二つの設問に答えることであると考えている．第一
に，災害の発生間隔が何年以上になれば，人間社会は総体として，過去に起きた
災害を「忘れて」しまうのか．第二に，特定の年数以上の間隔で災害が再発した
場合に，人間社会の対応能力が下がることが明らかになったとして，それでもそ
うした「忘れた頃にくる災害」から，大きな被害を受ける社会とあまり被害を受
けない社会の違いを生み出す要因とは何か．

　こうした設問に答えるためには，日本史の全体を対象にして無数の事例を比較
分析していく必要があるが，本章ではまず，第一の設問に対して，「数十年以上の
間隔をおいて再発した災害に対しては，人間社会の対応能力が下がる可能性が高
い」という作業仮説を示した．その上で，第二の設問に答えるために，その具体
的な方法論，特に多数の歴史の事例をまとめて取り扱うことができる「統計学的
方法」の可能性について，詳しく紹介した．

　もとより歴史学の研究の特徴は，時代と地域が限定された個別の史料群を深く
読み解くことで，その時代や地域の本質を明らかにすることにある．その史料群
の時代と地域が，上述の第二の設問における「忘れた頃にくる災害から，あまり
被害を受けない事例」に対応している場合，その研究は，新しい災害史研究の目
的に直接対応したものとなる．同じことは，個別の遺跡の資料を深く検討する学
問である考古学の研究にも，ある程度当てはまるであろう．一方で，従来の歴史
学や考古学が苦手としてきたことに，時代や地域を越えて厖大な数の事例を比較
して，その背後にある共通の要因を抽出するような作業がある．本章では，そう
した作業の可能性について議論したが，もしもそれに成功したならば，「忘れた
頃にくる災害から，あまり被害を受けない社会の事例」の背後にある「共通の要
因」を，より説得力のある形で提起することが可能になるに違いない．

　「歴史の教訓を現代社会に役立てる」，具体的には，「歴史の教訓を正確な予測
が不可能な災害の再発に直面せざるをえない私たちのこれからの社会設計に生か
していく」ためには，その教訓を「誰もが受け入れられる形」で歴史から抽出し

社会に提供していく必要がある．その際には，「狭いが深い具体的な個別事例」と「浅いが広い普遍的な共通事例」の両者の利点を組み合わせることが重要であると思われる．もとより本論で示した統計学的な解析法は，新しい災害史研究の唯一のゴールではまったくない．「個別事例を対象とする数多くの歴史学・考古学的研究」と「無数の事例の全体を比較分析する統計学的研究」は相互作用し合って短所を補い合い長所を伸ばし合える，相補的な関係になりうるものであると考えている．

さて，こうした方法論を用いて歴史の無数の事例の中に，「忘れた頃にくる災害の被害を減少させるための社会の要因」を探っていくと，その先にどのような要因が浮かび上がってくるであろうか．これまでにみてきた，中世や近世における気温の変動と飢饉の発生の間の関係性は，「流通経済と地域社会の関係」の在り方が，気候災害の軽重を規定する大きな要因になる可能性を示している．図 1.5 からは，13 世紀と 15 世紀に，気温の数十年周期変動に伴う大飢饉の発生が認められるのに，14 世紀には，それが少なくとも表面的にはみられなくなることがわかる．その理由として，13 世紀後半以降，日本中で物資の流通が活発になり，寛喜の飢饉（1230〜1231 年）や正嘉の飢饉（1258 年）の際には孤立して餓死せざるをえなかった地域の人びとが，その後の凶作の際には外部からの食料の供給によって部分的に救済されるようになってきた可能性が指摘できる．一方で 15 世紀に京都を中心におきた寛正の飢饉（1460 年）や引き続く応仁の乱の際には，逆に，流通によって都市に集まる物資に過度に依存する社会構造の中で，むしろ飢饉の規模や影響は飛躍的に拡大してしまったといえるかもしれない．図 1.4 に示した近世の飢饉の際にも，流通経済の功罪は明らかである．温暖期の虫害で起きた享保の飢饉（1732 年）の際に幕府は，飢饉が広がる西国に米を輸送して飢饉の緩和をはかったが，このときに流通経済による米の売却で恩恵を受けた東北諸藩は，引き続く寒冷期の天明の飢饉（1780 年代）や天保の飢饉（1830 年代）の際には，逆に，飢餓輸出ともいえる無理な備蓄米の売却を通して甚大な被害をこうむった（菊池，2003）．

しかし，気温低下が飢饉発生につながる因果関係を一時的にも断ち切ることに成功したかにみえる 14 世紀は，鎌倉幕府の崩壊から南北朝時代につながる戦乱の時代でもあった．13〜14 世紀における数十年周期での降水量の増大と，「悪党」

に象徴される地域紛争の発生の間の顕著な関係性は，気温低下がもたらす冷害が地域の人びとに等しく被害を与えるのに対して，降水量の増大がもたらす水害が土砂崩れや河川の氾濫などを通して同じ地域の中でも不均質な被害を人びとに与え，社会的格差を拡大させて，さまざまな空間スケールでの人びとの対立を激化させた可能性を示唆している．流通経済の発達は，一時的に飢饉の発生を緩和したかもしれないが，紛争の発生を抑制する機能はまったくもたなかった，といえるのかもしれない．

　「流通と地域の関係が，災害の緩和あるいは拡大に，どのように関係しているのか」について歴史的に検証していくことは，グローバリズムに覆われた現代の世界に住む私たちにとっても普遍的な意味がある．今後，本章で示した統計学的方法論をそうした研究に応用していくためには，各時代・各地域の気候と社会の関係性の背後にある「要因」を明らかにできる，厖大かつ定量的な社会経済指標に関するデータを系統的に収集していかねばならない．そのためには，現代社会の分析に広く用いられつつあるビックデータ解析の手法を，文献史料や考古資料のデジタル化を通して歴史の研究にももち込む，歴史ビックデータ解析ともいえる取り組みを進めることが効果的であろう．もちろん，歴史の研究に統計学的手法を持ち込む最大の目的の一つは，結論についての予断を排することにあり，上述の「流通経済」以外にも，あらゆる種類の社会についての指標が，図 1.9 の x 軸として検討されるべきことはいうまでもない．こうした新しい取り組みによって，災害と社会の歴史的関係について，どのような新しい見方が生まれてくるのか，その視野がどこまで広がっていくのか，今後の展開が期待される．

参考文献

伊藤啓介・中塚　武（2017）『CD-ROM 版　鎌倉遺文』に収録された古文書件数と気候復元データの関係の定量的分析．鎌倉遺文研究，**40**, pp.23-53.

鎌谷かおる・佐野雅規・中塚　武（2016）日本近世における年貢上納と気候変動─近世史研究における古気候データ活用の可能性をさぐる─（特集 古気候学データとの比較による歴史分析の可能性）．日本史研究，**646**, pp.36-56.

川崎　健・花輪公雄・谷口　旭・二平　章 編（2007）レジーム・シフト─気候変動と生物資源管理─，成山堂書店.

菊池勇夫（2003）飢饉から読む近世社会，校倉書房.

木村勝彦・中塚　武・小林謙一・角田徳幸（2014）BC2300 年に達する年輪酸素同位体比の物差しの構築と三瓶スギ埋没林の暦年代決定．日本植生史学会 2014 年度年会・講演要旨集．

佐藤常雄（1987）日本稲作の展開と構造—坪刈帳の史的分析—，吉川弘文館．

高槻泰郎（2012）近世米市場の形成と展開—幕府司法と堂島米会所の発展—，名古屋大学出版会．

竹内理三編（1995）鎌倉遺文，東京堂出版．

多田隆治（2017）気候変動を理学する—古気候学が変える地球環境観—，みすず書房．

中塚　武（2012）気候変動と歴史学．日本史と環境—人と自然—〈環境の日本史 1〉（平川　南編），吉川弘文館，pp.38-70.

中塚　武（2014）樹木年輪セルロースの酸素同位体比による気候変動の復元．地球環境変動の生態学〈現代の生態学 11〉，（日本生態学会 編），共立出版，pp.193-215.

中塚　武（2015）酸素同位体比年輪年代法がもたらす新しい考古学研究の可能性．考古学研究，**62**(2)，pp.17-30.

中塚　武（2016）高分解能古気候データを用いた新しい歴史学研究の可能性（特集 古気候学データとの比較による歴史分析の可能性）．日本史研究，**646**，pp.3-18.

中塚　武（2017）気候変動が古代日本人に与えたインパクト（特集 日本人の基層—古代の環境と暮らしを再構築する）．科学，**87**(2)，pp.140-148.

農林水産省・作物統計（http://www.maff.go.jp/j/tokei/kouhyou/sakumotu/）．

平野淳平・大羽辰矢・森島　済・財城真寿美・三上岳彦（2013）山形県川西町における古日記天候記録にもとづく 1830 年代以降の 7 月の気温変動復元．地理学評論，**86**(5)，pp.451-464.

ブライアン・フェイガン 著，東郷えりか・桃井緑美子 訳（2001）歴史を変えた気候大変動，河出書房新社．

ブライアン・フェイガン 著，東郷えりか 訳（2008）千年前の人類を襲った大温暖化—文明を崩壊させた気候大変動—，河出書房新社．

藤木久志 編（2007）日本中世気象災害史年表稿，高志書院．

水越充治（1993）文書記録による小氷期の中部日本の気候復元．地学雑誌，**102**，pp.152-166.

Cook, E. R., P. J. Krusic, K. J. Anchukaitis, B. M. Buckley, T. Nakatsuka, M. Sano and PAGES Asia2k Members（2013）Tree-ring reconstructed summer temperature anomalies for temperate East Asia since 800 C.E. *Climate Dynamics* **41**, pp.2957-2972（doi:10.1007/s00382-012-1611-x41）.

D'Arrigo, R., R. Wilson, G. Wiles, K. Anchukaitis, O. Solomina, N. Davi, C. Deserg and E. Dolgovae（2015）Tree-ring reconstructed temperature index for coastal northern Japan : implications for western North Pacific variability. *International Journal of Climatology* **35**, pp.3713-3720.

Maejima, I. and Y. Tagami（1986）Climatic change during historical times in Japan : Reconstruction from climatic hazard records. *Geographical Reports of Tokyo Metropolitan University,* **21**, pp.157-171.

Nakatsuka et al.（2019）Multi-decadal hydroclimate variability as a driver of East Asian history for the past 2600 years, *Science Advances*（submitted）.

Ohyama, M., H. Yonenobu, J.-N. Choi, W. K. Park, M. Hanzawa and M. Suzuki（2013）Reconstruction of northeast Asia spring temperature 1784–1990. *Climate of the Past,* **9**, pp.261–266.

PAGES 2k consortium（2013）Continental-scale temperature variability during the last two millennia, *Nature Geoscience,* **6**, pp.339–346.

Parker, J.（2013）*Global Crisis：War, Climate Change and Catastrophe in the Seventeenth Century,* Yale University Press.

第2章 水害に関わる環境と初期農耕社会集落動態

若 林 邦 彦

2.1 問題意識と既往の議論

(1) 議論の焦点

　歴史資料の上で災害を考える際に，考古学的調査の成果は興味深い．考古資料は，文献資料と違って，データが網羅的に存在する．文献を残す階層やその趣向は前近代社会においては特定の人間集団に限定されることが多い．それに比べて，考古資料においては，発掘調査が行なわれた領域においては階や階層，社会集団の性格に関係なく人的活動（あるいは非活動）の痕跡をのこす．自然災害を含む気候現象と人間行動や社会の関係を探る上では，格好の歴史資料と考えられる．本稿は，そのような考古資料の特質をいかして，気候変動，特に水害につながる歴史現象について論じてみたい．

　本書には，中塚武によって樹木年輪の酸素同位体比分析変動に基づく，降雨量変化の分析が示されている（第1章）．降雨量の多い年は，平野部では洪水などの災害が発生している可能性が高く，それに連動した人的活動の変化を読み取れる可能性があるし，反対に同じような降雨環境にあった年や時期，あるいはその変動パターンに変化が多い期間であっても，歴史上の人的活動に変異がみられない場合も想定できる．このような場合，同じような災害環境にあったとしても，社会背景や技術的基盤に差異によって，環境への反応・適応に違いが生じている可能性がある．さらにいえば，そういった水害などの災害に強い社会や時代への変化やその逆方向への動きも認めることができるかもしれない．つまり，降水量変動の規模と周期が，人間生活・社会に影響を与える／与えない在り方を考えることが重要に思われる．

　本章では，水稲農耕社会，特に大規模治水を行なわない社会を例として分析してみる．何をもって大規模治水のない状態と考えるかは大変難しい問題である．ここでは古代の条里制の施行のような，自然地形を大きく改変して広域に水利配置を行なうような地域が明瞭にあらわれない状態を想定したい．文献史学では奈良時代以後に条里制が施行される可能性が指摘されているが，考古学的知見によれば，条里地割の水田区画が多くみられるようになるのは平安時代以後である．確実な定義は難しいが，7世紀以前までは確実な条里制施行はないと考えられる．そこで，題材として近畿地方の弥生〜古墳時代の集落動態をとりあげ，その変化の方向性と降雨量変遷との間にどのような相関・非相関があるかを考えてみたい．また，後述するように中塚氏による酸素同位体比変動による降雨量の相対変化・変動モデルからは，降雨量変動周期が短く振幅の大きい弥生後期〜末（2世紀）から変動幅の少ない古墳時代前中期（4〜5世紀）というおおまかな変化の方向性がうかがえるようである．

　この変動と，集落立地にはどのような相関があるのだろうか．洪水・水害は集落および水田の立地環境に大きな影響を与える災害と考えられてきた．後述するように，過去にはこのような水害の大規模発生が，弥生社会に大きな変化をもたらしたという学説が，発掘調査データをもとに唱えられた時期もあった．逆に，考古学上，集落立地や数に大きな変化があったとされる弥生時代中期〜後期移行期のありようは，社会発展や変化だけでは説明できず，背後に環境変化があったに違いないという論調もみられた．

　本章は，近畿地方において水害の影響を受けやすい平野部の低湿地での弥生〜古墳時代集落の動態を検証し，それが環境に影響を受けて発生しているのかどうか．あるいは，環境変化に左右されにくい社会への変化が認められるのか否かについて検証する．

(2) 既往のイメージ

　大阪平野での発掘調査成果に基づく環境と社会変化，とりわけ集落立地の変化については重要な研究と枠組みがある．これは弥生時代中期末の水害頻発により，大規模集落遺跡の廃絶あるいは移動があるという議論である．特に，1980〜1990年代前半に提唱された．中西靖人（1992）や安田喜憲（1990）によって提唱され

たこの学説は，弥生時代中期の大規模集落遺跡やその周辺に，弥生時代中期末の多量の洪水堆積層が確認されることが多く，それが近畿地方での拠点集落の廃絶につながり，後期社会への大きな変化を促したという考え方である．

つまりは，弥生地域社会の危機と水害を相関させて理解した上で，水害を克服して地域社会統合をむかえ，その変化が古墳時代という新たな社会への変化をもたらすという考え方であった．しかし，今世紀に入って，近畿地方の弥生〜古墳時代研究とりわけ集落研究においてはそういった論調は低調となっている．一つには，後述するように弥生中期の大規模遺跡の一部に洪水堆積層が確認されることがあっても，その隣接地に集落形成がみられる例も多く，必ずしも簡単に「集落廃絶」という事実が確認されない例が増えてきたことなどもあげられよう．この実態については，後節で詳述したい．

ただ，洪水堆積層が確認されることが集落立地と相関するという議論は続いており，大阪平野では水害に伴う地域社会の変化という観点は無視できない．本共同研究の趣旨である災害（ここでは水害）と歴史変化の相関・因果関係に論及・検証するには最適のフィールド・時期と考える．この観点から，以下では中西と安田の見解をふまえつつ，現在の発掘調査データおよび，共同研究者によって示された分析成果を盛り込んだ考察を行なう．

2.2 平野部・低湿地（三角州堆積地）での洪水・遺跡形成の在り方
—大阪平野中部の例—

ここで，上記のような洪水・水害によるテリトリーの完全放棄や集落配置の広範囲での変換が，弥生時代に実際に存在したかどうかを，実証的に検証したい．素材となるのは，安田や中西がとりあげた大阪平野中部の弥生集落の動向（図2.1）である．弥生時代中期の方形周溝墓群で有名な瓜生堂遺跡とその周辺での遺跡変遷をみてみよう．筆者はこの領域を河内湖南岸遺跡群として分析を進めている（若林，2001）．

図2.2は，河内湖南岸遺跡群における弥生時代前期〜後期の居住関連遺構の検出地点を示したものである．居住関連遺構とは，竪穴住居・柱穴・土坑・井戸・小溝などである．これらは，いずれも居住域に伴って検出される遺構である．各記号のうち，○は前期，△は中期，□は後期を示している．また3時期の中でも，

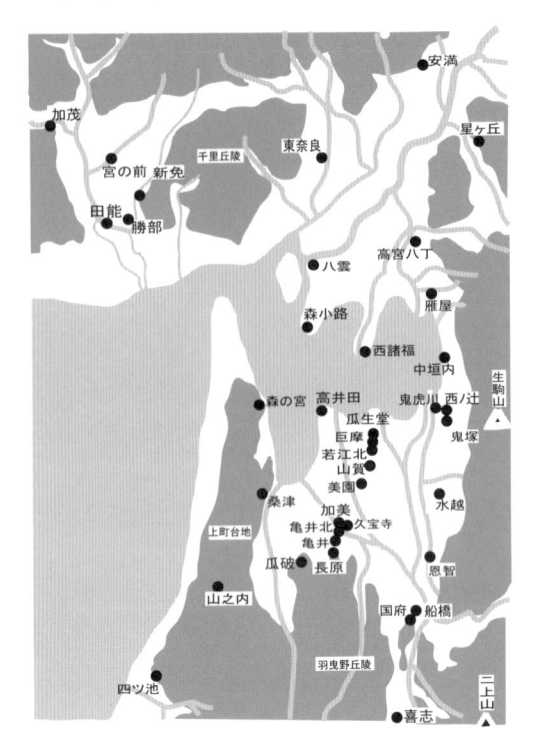

図 2.1　大阪平野の主要弥生遺跡

細分して色を変えている．これは居住遺構から出土する土器の編年状の時期によって細分している．つまり，同形態・同色の記号の分布は土器型式上の細分時期ごとの居住遺構検出地点の分布を示している．

　この図が示す一番重要な点は，対象地域の中から，弥生前期前半～後期後葉の間で，居住遺構検出地点がなくなる時期はないということである．分析対象とした領域は，瓜生堂遺跡・若江北遺跡・巨摩遺跡・山賀遺跡の範囲に当たるが，およそ東西 1～1.3 km，南北 1.5～2 km の範囲にわたる．この最大 2.5 km³ の範囲には，どの細分時期においても，常に 4～8 カ所の居住遺構検出地点が確認されており，それは一カ所に集中することなく約 2 km² の範囲内に分散している．この領域は，弥生時代においては河内湖南岸部の三角州堆積地域にあたり，旧大和川水系の網状河川が展開する低湿地地帯であった．当然，雨量の多い時期には流路からの越流などが起こり，破堤や越流堆積物による小規模砂堆の形成による地形

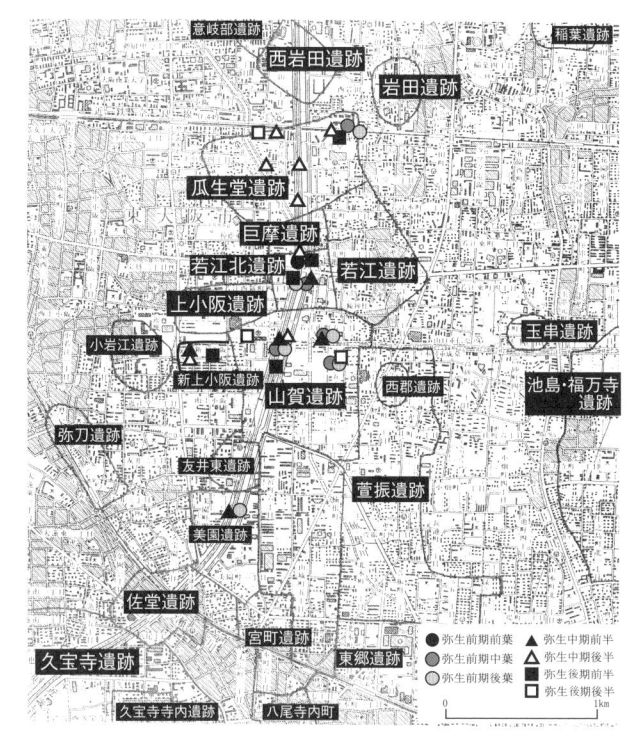

図 2.2 河内湖南岸遺跡群の弥生時代前期〜後期への変化

変化が頻発していたことが予想される．

　にもかかわらず，径約 100 m 程度の規模と考えられる居住域は一定領域（1〜2 km² 範囲）の中で展開し続ける．もちろん地形変化に対応して，居住域は小刻みに移動している状況は確認できる．しかし，各居住域の移動距離は小さく，おそらく数百 m の範囲内に収まると考えられる．また，この領域内における，居住域数の増減もあまり大きくない．弥生前期〜中期前半には，細分時期ごとの居住遺構検出地点は 5 カ所程度やや少なめである．弥生時代中期後半〜後期には，細分時期内でのその地点数は多めになる．特に中期後半には遺跡群のやや北部の居住遺構検出地点がやや比重をます傾向がある．ただ，それでも南端部の山賀遺跡の範囲内にも遺構分布は確認され，領域内部で数百 m 範囲が完全に放棄され集落がなくなる状況は確認できない．もちろん，土器編年上の細分時期の間にも一定程度の時期幅は想定され，図 2.2 で示した同時期の記号の地点に居住域が同時に

存在していたことは証明できない．しかし，上記の範囲内では同記号の地点が複数みられることから，少なくともこの分布図の領域から，まったく居住域がなくなる事態が何度も起こったとは考えにくい．また，すでに若林（2001）で分析しているが，図 2.2 中の瓜生堂遺跡においては方形周溝墓群が複数の時期にわたり連続して形成されている様子が確認されていることから，複数時期にわたり居住遺構が形成される地点では，連続的に集落形成が行なわれた蓋然性は高いと考えられる．

　つまり，洪水などによる地形環境変化に基づく居住域の変動は，領域内では起こる．しかし，径数十 m 範囲での，微高地 → 湿地 → 微高地といったサイクルの繰り返しが発生するだけで，1～2 km 四方のテリトリー内のどこかの居住地・水田などが常に一定面積確保できる状態が継続していくと想定できる．この実態の詳細については，後述したい．

　問題は，このような環境下にあって，水害は本当に社会的混乱をもたらしたのかという点にある．繰り返すが，実際の集落の動態は，一定範囲内で繰り返す移動としてとらえられる．また，弥生時代中期以後にみられるようになる大規模集落遺跡についても，一つの大集団として占地するのではない．すでに，筆者が弥生時代大規模遺跡の性格について論じた際に指摘したように，大規模遺跡形成もそういった中・小規模居住域の動態の一断面として理解が可能である（若林，2001）．このような中・小規模の居住集団規模を維持することは，上記のような水害にさらされながらも，一定のテリトリー内で集団を維持していく上で不可避のことのように思える．

　さらに大庭重信（2014）は，大阪平野中部の長原遺跡・亀井遺跡・久宝寺遺跡・加美遺跡の弥生時代の微地形復元と遺構変遷から，詳細な居住域と水田域・墓域の動態を示した．この中で大庭は，個別の居住集団の動向と連動して水田域が移動し，弥生中期後半には亀井遺跡域への居住集団の集中が進むとともに，北方の久宝寺遺跡や加美遺跡の領域に開発域が広がるとした．そういった開発前線に階層化の進んだ加美遺跡 Y1 号墓などが形成されるとした．大庭は，集団動態と水田開発の発達を弥生中期後半にみとめ，それが墓制上の階層化傾向と連動することを明らかにした．

　大庭の研究の中ではっきりしたことは，流路移動や流水・越流堆積による地形

変化に応じて，小集団が移動や結合を繰り返しながら，数km^2範囲内でテリトリーを維持しつつさらに拡大していく様子である．この状況は小規模居住域のかたわらに水田域が付帯する集落構造が当該期の一般的な姿で，その特性を軸に，水害が繰り返す状況が生じてもテリトリーを放棄することなく集団が維持されることを示している．

〈微地形変化と水田立地の例〉

このような現象を理解するためには，さらに細かな領域で，遺跡動態を観察することも必要であろう．たとえば，1万m^2を超える面積が発掘調査されている東大阪市池島・福万寺遺跡では，縄文時代末期から近世にいたる，流水堆積によってもたらされた土壌堆積と人間活動の実態が克明に明らかにされている．特に，弥生時代〜近世までの水田開発と地形変化の実態の詳細がわかる遺跡である．大阪府教育委員会と大阪府文化財センターによる調査報告書が刊行されていることでも知られる．

その一つの調査区での，流水堆積層の形成と土地利用の様子を例にあげたい．図2.3 に示すのは同遺跡の池島1区として調査された発掘区域における国土座標の$X = -150140\,m$ライン上の東西方向に約200 mの長さにわたる土層断面図である．この土層断面図をみると，おおむね東から西へと調査区内の同時代面の地形が傾斜していることがわかるが，流路の変化やそれがもたらす土砂堆積の形成位置の変化に応じて，時期により微高地や後背湿地の形成地点が小刻みに東西方向移動していることがわかる．この図は東西方向の土層堆積図であるため，その方向の地形変化しか読み取れないが，図2.4 の各時代の平面図をみると，それが池島1区地内でさまざまな位置に時期ごとに微高地形成地点が移動する変化をたどったことがわかる．

これをみると，弥生前期〜後期の水田耕作土層・遺物包含層は，流水堆積によって形成された微高地およびその緩斜面に形成されていることがわかる．また，その地点の位置は，時期によって少しずつ移動している．しかし，弥生前期・前期末〜中期初頭，中期中葉〜中期後葉・後期のそれぞれの時期に，この調査区内に常に水田畦畔・耕作土・遺物包含層が確認される．つまり，数百 m 四方の中に常に人的活動の痕跡がみとめられるということになる．それらの検出地点は，流水堆積によって形成された微高地およびその緩斜面の変異に応じて移動している

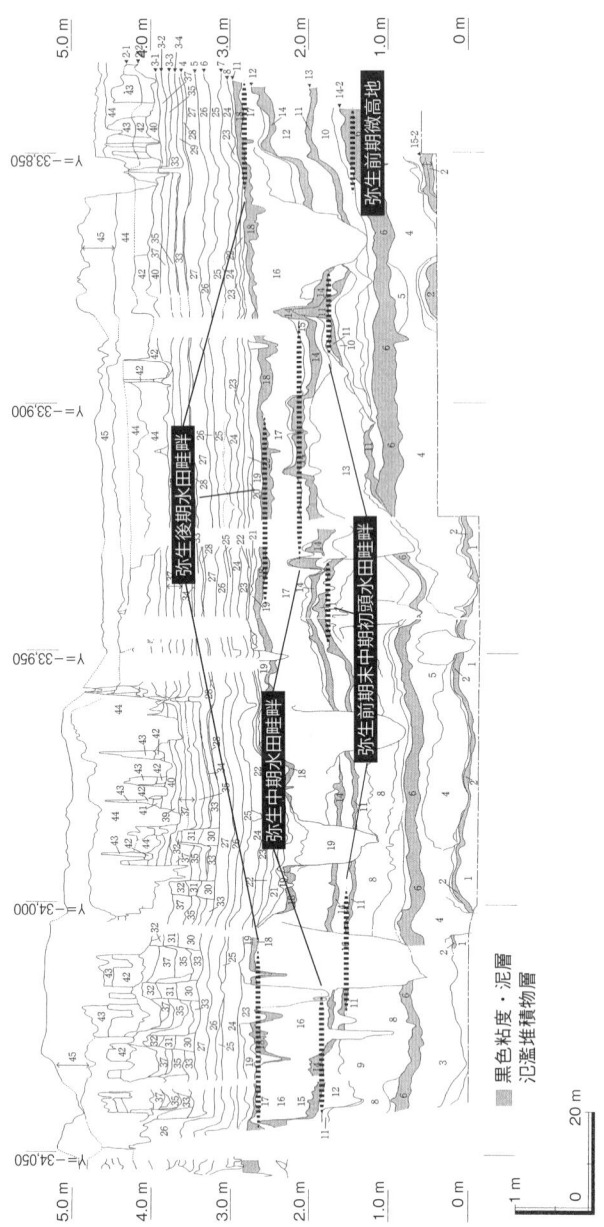

図 2.3　池島・福万寺遺跡・池島 1 区の東西方向土層断面.（廣瀬編（2007）に加筆）

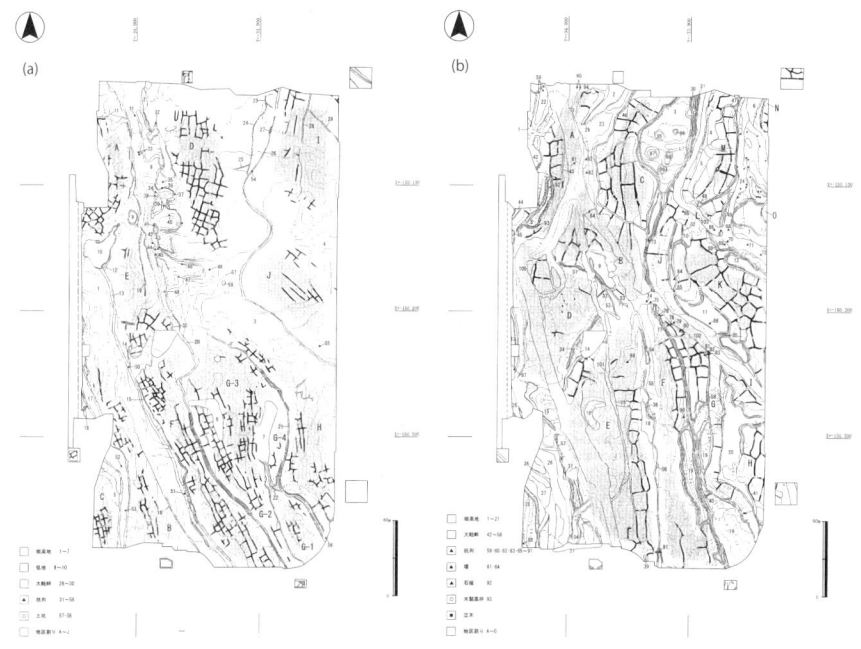

図2.4 池島・福万寺遺跡・池島1区の水田配置図（廣瀬編（2007）に加筆）
a：弥生時代後期，b：弥生時代中期

ことになる．

　同遺跡は河内湖岸部に近い三角州堆積地帯に位置し，網状流路の展開する環境にある．土層断面図からは流路の両側に砂質堆積物が自然堤防状に形成されその上面および後背湿地側の斜面が耕作土・遺物包含層の形成範囲となる．流路は増水時に新たな堆積層を形成すると同時に，その位置を変え，時期ごとに少しずつずれた地点に自然堤防（あるいは越流堆積物による微高地）や後背湿地を形成することとなる．自動的に耕作土・遺物包含層も数十mあるいは100m程度の距離を隔てた地点への移動を繰り返していることがわかる．

　同時に，三角州堆積地帯における流水・増水による土砂堆積による地形改変は，人的活動地点を大きく変えなければならないほど規模ではないことがわかる．つまり，数百m範囲の中で，水田もしくは居住活動などを行なうことのできる地点は移動繰り返せば，その地に活動した人間集団は継続的にその領域で生

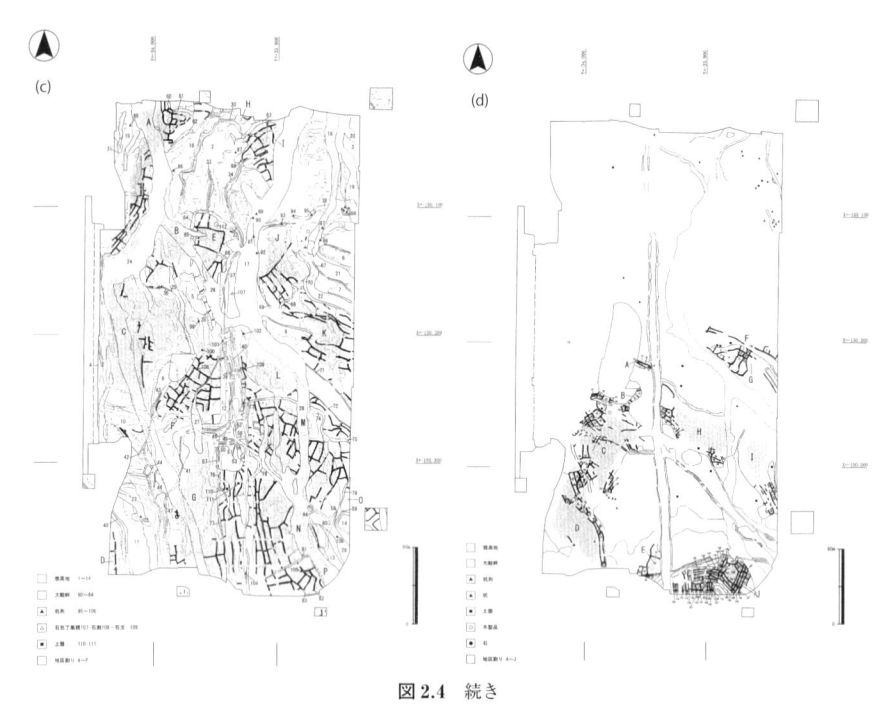

図2.4　続き
c：弥生時代前期末・中期，d：弥生時代前期

業・集落形成を続けることが可能なのである．わかりやすくいえば，弥生時代の中で池島・福万寺遺跡を形成していた集団は，水害を理由としてこの遺跡の範囲内から完全に立ち去って大きく離れたほかの場所に居住地や水田を構える必要はなかったということになる．

　このことからも，居住地は移動するが，大規模なテリトリーの移動は不要なことがわかる．上記河内湖南岸遺跡群での筆者の分析や，大庭氏による亀井遺跡周辺での弥生集落・水田展開の分析の結果は，池島・福万寺遺跡で観察されるような遺跡形成環境およびに起因することがわかる．と同時に，中・長規模の居住集団がそれぞれに隣接した水田経営を行なうことを基本とする土地利用形態を基本とする日本列島の平野部初期農耕社会においては，水害による領域放棄は起こりにくかったことが想定できる．

　このように考えると，低湿地で，ある集団の居住域と生産域（特に水田）が，

壊滅的に打撃を受け，領域の放棄や一つの人間集団の壊滅といった現象が起こることはあるのかという疑問が生じてくる．日本列島における初期農耕社会は，水害の影響を大きく受けないような構造の上に成立していると考えておくのがよいのではないか．

2.3 弥生時代～古墳時代集落動態の実態
―淀川流域の例―

上記のような特質をもつ平野部での初期農耕集落には，どのような分布上の変化をみせるのだろうか．あるいは，弥生時代から古墳時代への変化の中で，変異をみせるのだろうか．社会構造の階層化が進行・確立するといわれる古墳時代の集落や水田経営の在り方は，弥生時代と同じなのだろうか．さらにそれは，水害に対しての地域集団の対応の在り方にどのような変化をもたらしたのか．あるいは，気候変動に伴う水害発生状況の変化は，集落立地や水田経営にどのような影響を与えるのだろうか．

ここでは，淀川水系（島本町・高槻市・茨木市・枚方市・交野市・寝屋川市）を中心とした領域についてとりあげ，竪穴建物・平地式住居・柱穴・小溝・井戸・土坑といった居住遺構の検出された地点の分布変化を詳細にみていきたい．また，古墳時代については，主要な古墳および群集墳を明示して，墓域と集落の関係を考察する素材としたい．

(1) 弥生時代前期～古墳時代初頭（紀元前 6 世紀～紀元 3 世紀）

まず，弥生時代前期の状況（図 2.5a）からみてみよう．水稲農耕が開始されたこの時期には，水田適地となる低湿地部，淀川の流路帯，および北摂山地からの流路帯が形成する平野部に居住遺構検出地点が集中している．扇状地中部もしくは段丘上・丘陵上にはほとんど居住遺構検出地点はみあたらない．これは，水田地点に隣接して集落が営まれていたことを示している．

弥生時代中期（図 2.5b）になると，平野部の遺跡は同じように分布し，やや増加傾向ある．それとともに淀川左岸の広い中位段丘面を形成する枚方・交野台地上に，居住遺構検出地点が確認され始める．しかし，その分布は，段丘面の縁辺のあくまで低湿地を望む地点が主体である．人口増加に伴い段丘上の集落は増え

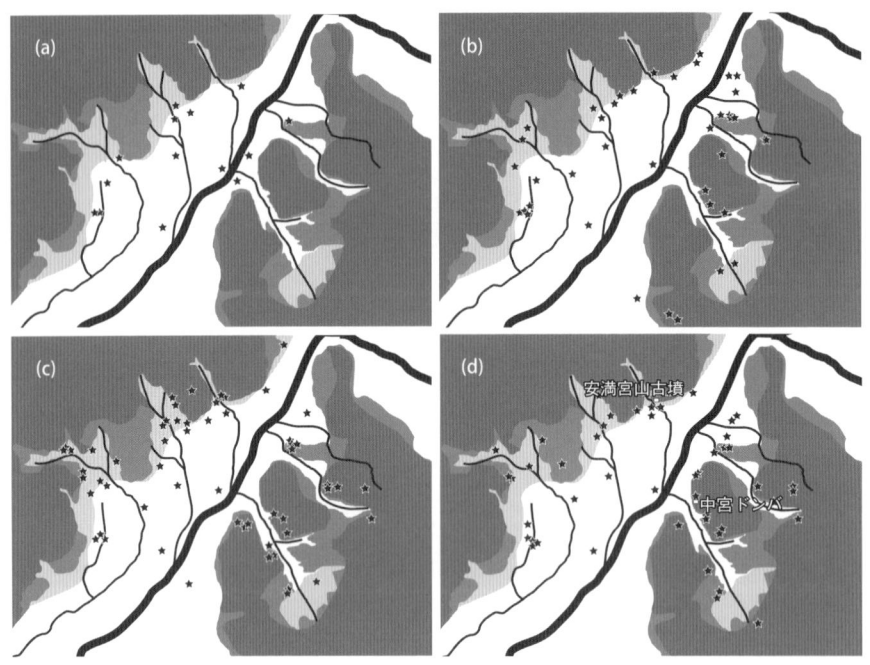

図 2.5　弥生時代前期〜古墳時代初頭の淀川流域の居住域分布変遷.
a：弥生時代前期, b：弥生時代中期, c：弥生時代後期, d：庄内式期
★：居住遺構検出地点, □：主要古墳, 黒線：群集墳の範囲

始めるが低湿地の水田設営可能領域に隣接しする原理を維持しながら集落が占地することがわかる.

　弥生時代後期（図 2.5c）〜古墳時代初頭（庄内式期）（図 2.5d）になると, 低湿地の遺跡分布は大きく変化しないものの, 段丘上・扇状地中部あるいは丘陵地の集落立地が増え始める. 集落が水田経営地近くに存在する原理は大きく変わらないものの, 耕作地と集落が大きく離れる経営パターンもみえ始めることがわかる.

　このように, 弥生時代・古墳時代初頭には, 段丘・扇状地に集落増加していくが, 沖積地集落は残存し続ける. これは水田に隣接する集落が, 前節でみたような, 流水堆積あるいは越流堆積による地形変化に適応して小刻みな移動を繰り返すパターンが維持されていることがわかる. だたし, 人口増加の中で, 新たな集落開発地は段丘上・扇状地中部・丘陵上へと展開し, 水田経営地と離れた集落形

成もあらわれることがわかる．このような，段丘上居住地の増加は，沖積地の環境変化の影響を受けにくい農耕地と居住地の関係が形成されてくることを示唆している．これは，農業経営だけでなく，水害や地形変化に対応する社会構造の変化とも連動する可能性がある．

(2) 古墳時代前期〜中期（4世紀〜5世紀）

古墳時代前期（図2.6a，図2.6b）になると，様相は変化をみせ始める．特に淀川右岸の高槻市・茨木市地域では，扇状地中部・段丘上の居住遺構検出地点が増加する一方，低湿地の検出地点は減少し始める．この傾向は，もともと低湿地面積の小さかった淀川左岸でも確認できる．このように，現象上は，低湿地から居住地形成が撤退していくようにもうかがわれる．このことは，水田耕作地と集落

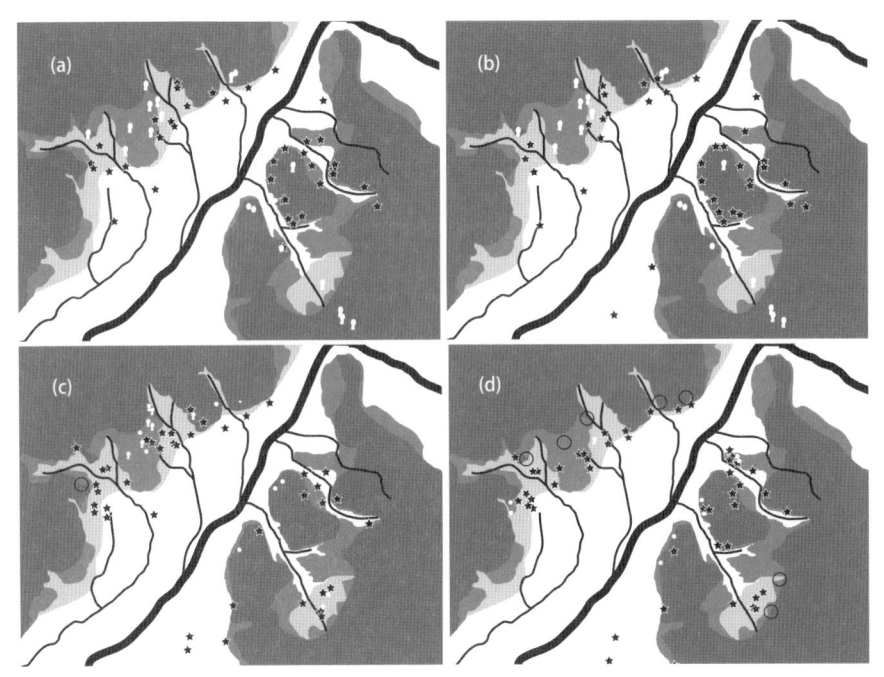

図2.6 古墳前期〜中期の淀川流域の居住域分布変遷

a：布留1-2式期（古墳時代前期前半），b：布留3-4式期（古墳時代前期後半），c：TK73-TK74式期，d：TM15-TK43式期．（aとbの古墳分布は古墳時代前期前半〜後半通したもの）

★：居住遺構検出地点，□：主要古墳，黒線：群集墳の範囲

が隣接地ではなく離れた地点に形成されていく傾向を示している.

　この傾向は古墳時代中期〜後期（図2.6c, 図2.6d）には決定的なものになる. この段階では, 低湿地の三角州上堆積領域の居住地点検出例はきわめて僅少な存在となる. この段階において, 集落と耕作地は領域的に分離される傾向をもち, 低湿地では水田の隣接地にその耕作を行なう集団が居住する状況はまれな例となっているように思われる.

　このことは, 水害と農業経営・集団関との関連で解釈すれば, 環境変化の影響を受けにくい農耕地と居住地の関係へと完全変化を, 古墳時代中期に遂げていくこととらえることができよう. さらに, 淀川左岸の段丘上では, 古墳時代中期に居住遺構検出地点が特定の範囲に集中するような傾向もうかがわれる. つまりは, 集落立地地点の集約化がみられるのである. このことは, 水田適地から集落が離れ, 個別の集落と耕作地の関係が不明瞭になるだけでなく, 集落配置相互の関係も耕作地選択とは関係ない理由から再編されていることを示している. 集落の低湿地からの撤退は, 居住値が水害を避けるといった観点からだけ評価するべきではなく, 大きな社会関係の変化が古墳時代中期に達成されたと考えるのが自然であろう.

　こういった, 地形による集落立地の変化は, 集落分布図だけでなくその定量的分析によってもはっきりとわかる. 図2.7は淀川右岸（島本町・高槻市・茨木市域）の居住遺構検出地点数の総体比の変化を示したものだが, 弥生時代〜古墳時にかけて, 集落立地が低湿地よりも扇状地中部・段丘・丘陵上の事例が増えていく傾向がみられるだけでなく, その傾向が古墳時代前期以後に強まり, 特に古墳時代中期に顕著となることがわかる.

　このような変化は, 本稿で検討したような淀川流域にだけみられる現象ではないようだ. 同じ変化が京都盆地西部の, 桂川流域でも確認できると古川匠（2014）が指摘している. 古川は, 桂川右岸部の平野部ででは古墳時代前期に集落形成が分散化傾向をもち, 中期にはほとんどみられなくなってしまい, 丘陵や小河川中流域に集落形成地点が移動することを指摘し, 古墳形成の動態と相関させて論じている.

　さらに, 大阪平野中部でも, 古墳時代前期以後の平野部の集落形成が分節的になることは確認できる. 筆者は過去に, 弥生時代後期〜古墳時代前期の広域遺跡

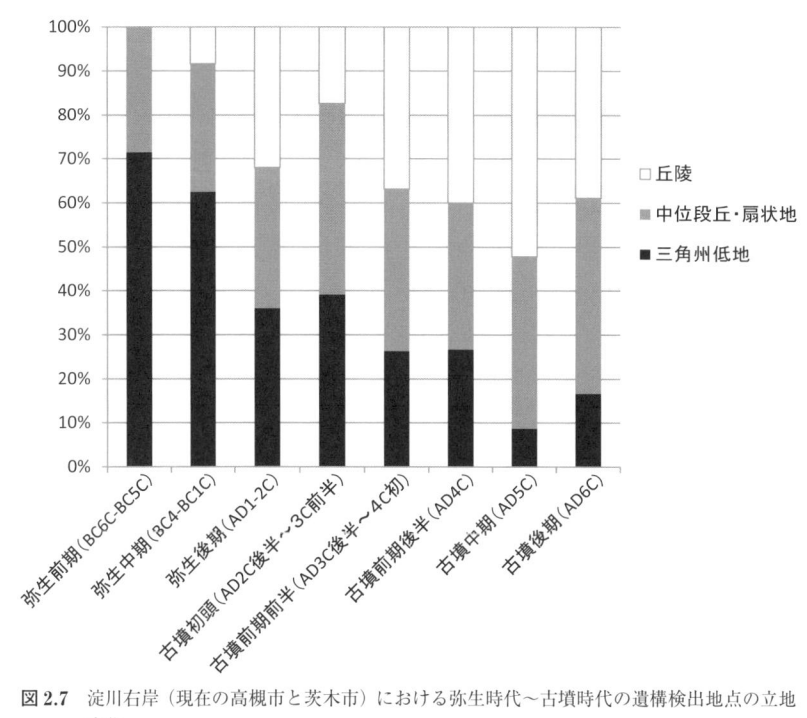

図 2.7 淀川右岸（現在の高槻市と茨木市）における弥生時代～古墳時代の遺構検出地点の立地変化

調査における土器出土量の遺跡・地区による差異を検証してみた．佐堂遺跡・久宝寺遺跡・亀井北遺跡・亀井遺跡・長原遺跡の近畿自動車道部分発掘調査の地区別の土器片重量の変化をみると，この地域では庄内式期に久宝寺遺跡で土器出土集中区がみられるものの，布留式期には全体に土器出土量は平準化していき，やがてきわめて分散的に土器分布が変化する（若林・田島，1999）．この分析では古墳時代前期までしか分析ができていないものの，古墳時代に入って平野部の集落遺跡が零細化し始める傾向は出土土器の定量分析からもみとめられる．

　このように，古墳時代前期以後に進行する低湿地の集落遺跡の減少および扇状地中部・段丘上への集落集中傾向は，淀川流域にみられるものではないようだ．

2.4　社会変化の関係と水害環境との相関

(1)　社会関係変化の図式

さて，前節で確認された弥生時代〜古墳時代の集落立地の変化を，地形や環境との関わりで考えるとどうなるのか．その前に，上記の変化の構図を社会構造の側面からまとめてみたい．

筆者は，これまで弥生時代や初期農耕社会における居住単位となる径100〜200 m 規模の集団を基礎集団とよび，墓域や水田経営の単位・主体集団ととらえてきた（若林，2001；2005；2008）．中小規模の居住域が社会的に重要な人間集団の単位として認識できることは，それが墓地造営・葬送儀礼を行なう人間集団としてみとめられることかを示す．もちろん水田造営と葬送儀礼集団の単位の相関を論じることには飛躍はあるかもしれないが，いわゆる集団経営の単位と考えることは許されよう．このとらえ方を基盤とすると，上記の変化は以下のように説明できる．

先述のように，低湿地における基礎集団のかたわらには水路などの水田耕作関連施設が確認できる．つまり，基礎集団は水田経営の一つの単位とも考えられる．一方，近畿地方では近年，池島・福万寺遺跡や御所市中西遺跡のように，広大な面積に取排水システムが整った水田遺構が検出されている．こういった大規模水田地の隣接地には，不思議なことにあまり顕著な居住地痕跡はみつからず，確認されても水田規模に比べてきわめて小規模な居住地のことが多い．

こういった広域水田は，基礎集団に隣接経営される水田とは異なる性格をもつ可能性がある．つまり，別の場所に点在する基礎集団による協業的経営の可能性である．たとえば，弥生時代〜古墳時代初頭において継続的に水田経営の変化観察できる稀有な例となっている池島・福万寺遺跡は，弥生時代前期前半に分節的な水田耕作地が複数分布する形態から出発し，中期にはそれらが明確な取排水しシステムによって連結された広域水田となり，後期にはさらに小区画水田の多角形化や水田ブロック形成などにより，より広い範囲での安定した水田地経営システムへと変化していくことが指摘されている（井上，2007）．これらの水田域には明確な居住域は判然としない．最低1〜2 km 離れた地点の別の集団の耕作地と考

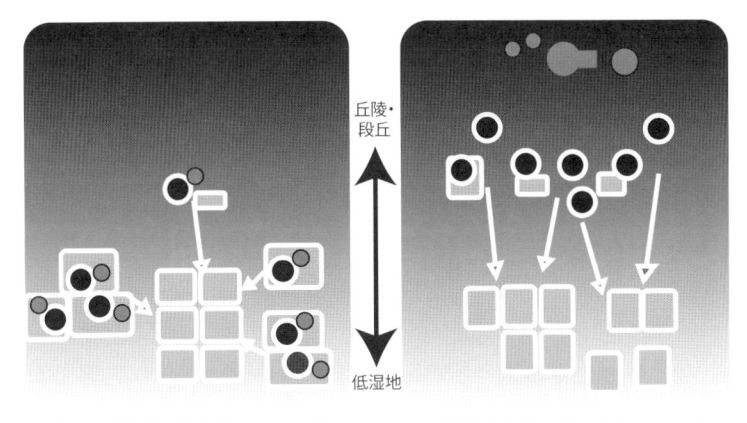

弥生時代集落と耕作地のイメージ　　　古墳時代集落と耕作地のイメージ

凡例　●　　　　●　　　　▢

居住域　墳墓・墳墓群　水田・耕作地

図2.8 弥生時代〜古墳時代の居住地，水田，墳墓の配置モデル

えなければ，これらの水田地形成は成り立たない．しかも，井上の指摘するように，それはより協業的システムへと変化していく．この動きは，諸基礎集団の個々がもつ居住隣接地点での水田経営とは別に，複数の基礎集団の水田経営地が存在し，その協業が進行したことを示している．しかし，2.2節と2.3節でみたように，地形変化が繰り返されているにもかかわらず，その地形変化規模範囲が径数百mの範囲でしかないために，水田をめぐる諸集団関係に関わる大きな領域変化は，初期農耕社会においては考えにくいことを示している．

　このように，基礎集団間関係は水田経営面でも単純に個別的に展開するだけではなく，領域内もしくは協業経営側面をもっていたことになる．弥生時代〜古墳時代への集落立地変化へとスコープを広げれば，基礎集団の個別的水田経営要素から，協業的農耕地配置・経営へと移行する方向性を確認することができる．この共同性の高まりは領域的秩序が形成されないと進行せず，弥生時代的な集落-耕作地関係からの変容が重要である．言い換えれば，上述の弥生時代らから古墳時代への集落立地や集団形成の特徴の差異・変化はそのプロセスを間接的に示しているといえよう．図2.8に示したのは，そういった弥生時代的な集団関係と集落-水田経営関係から，古墳時代中期に確立する新たな経営・地域社会関係への

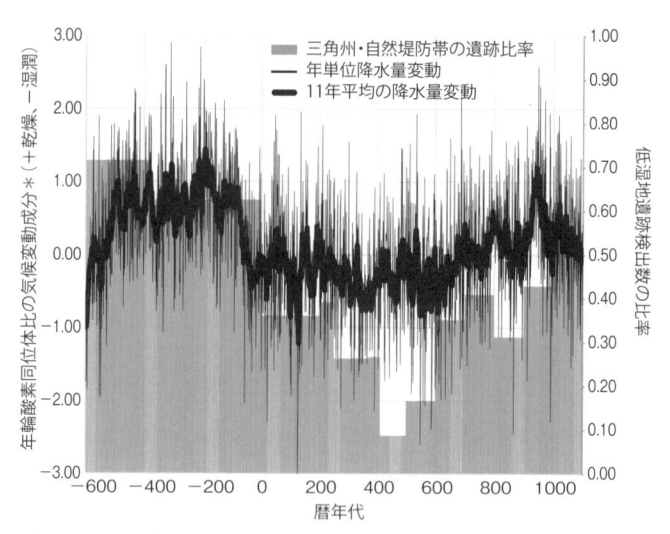

図 2.9　降水量変動と淀川右岸地域の低湿地遺跡の比率変化（紀元前 6 世紀　　　　〜紀元 11 世紀）

変化のモデル図である．

　このようなプロセスは漸移的なものと考えられる．そのことは，図 2.7 のグラフにおいて淀川右岸での集落立地変化が示していることからも明確である．また，本稿では検討できていないが，地域差をもつ動きだと想定できる．また，近畿地方で広域に，水田域と居住地点の乖離という大きな社会関係変化が本格化するのは古墳時代中期のようである．こういった集落変化をみる限り，墳墓の変化のほうが先に明確にあらわれるように思われる．

　すでに多くの先学が指摘するように，大規模墳墓の形成は庄内式期を中心に近畿地方やほかの地域で進行し，やがて箸墓古墳が布留式初頭には成立する．また，大規模墳墓（特に前方後円墳）＝古墳の成立は列島内諸地域内外の階層的関係の大変化を反映していると考えるのが一般的なとらえ方だろう．このような見方と，実際の集落立地や形態変化の進行の画期との間には「ずれ」がみとめられる．集落における変化「真」の社会関係，特に地域社会内の構造的関係と読み取ることができるなら，その完全なる変質の前に地域社会内の上位層（エリート層とよぶ）の明示が始まり定式化するのである．ここに，集落にみられる社会関係の状況変化を「戦略的」に進めようとするエリート層の志向をみとめる可能性がある．

(2) 水害や環境との関わり

一方で，集落立地という社会変化が水害を引き起こす環境に起因する可能性も考えねばならない．本共同研究では，中塚が出土木質遺物の年輪の酸素同位体比の変動パターンを分析している．中塚は，^{18}O の変動はその年の降雨量と相関しているとしている．この研究においては，弥生時代後半〜古墳時代においては，全体に降雨量の多い時代へと変化していることになる．この変化と淀川右岸流域の低湿地遺跡検出頻度を示したのが図 2.9 である．ここでは，1 世紀〜6 世紀まで湿潤傾向が長期継続することが確認できるとともに，低湿地遺跡の形成頻度が低くなる傾向がうかがわれる．ただ，その変化は単純ではなく，先にあげたように，最も低湿地遺跡比率が低くなるのは 5 世紀であり，その明確さは注目に値する．

本章で示してきたように，淀川流域の弥生〜古墳時代集落立地地点は，低湿地から段丘・扇状地中部・丘陵上へとその比重を移していく長期傾向がある．紀元前 6 世紀〜紀元 6 世紀にわたる長期トレンドである．しかし，特に古墳中期の 5 世紀にその傾向には拍車がかかり，集落形成地帯と水田耕作地に大きな乖離が観察できるようになる．

中塚の分析成果をみれば，1 世紀〜6 世紀にかけて継続的に降水量増加傾向が続いたことになる．このような条件下で，集落と耕作地の乖離現象が起こることは興味深い．集落立地帯の明確な変化という二つの要素の相関に関しては，下記の二つの単純化した因果律を想定することが可能である．

a. 降水量が増加し，相対的に洪水被害が少ない時代となったために変化が起こった．洪水の多い低湿地を避けて集落が立地するようになったという理解．すなわち，気候条件の変化が集落立地の変化を促したという環境決定論的解釈．

b. 社会統合による環境多様性リスクの軽減志向が本格化したため，集落と耕地の立地関係変化が達成された．エリート層の動向による変化を重視する考え方で，社会構造の変化が，気候変動による水害多発による耕作地変化に左右されにくい遺跡立地傾向をもたらしたという社会決定論．

b に述べる社会統合による環境多様性リスクの軽減には，あらかじめ離れた地点にある居住集団が，低地部の水田域をそれぞれ計画的に担当する仕組みがあれば，ある水田域が水害により廃絶しても，それに付帯する集落が廃絶する必要が

ないように，耕作地を共有したり分割することが可能になるような管理を可能にするようなしくみが想定される．これは社会集団のエリート層によって差配可能なものと想定され，中小規模集団の個別経営を越えた社会的調整機能をもつ状況への志向を指す．

　上記a, bはどちらの考え方も可能なものであろう．一方，図2.9にみられる中塚による降雨量変動の復元では，4〜5世紀には同じような湿潤傾向が長期でみとめられる．ただ，低湿地集落の出現頻度は，それに連動して低下しているだけでなく，5世紀の古墳時代中期だけが極端に少なくなっていて，同じ降水量傾向の6世紀はまたもとの状態に戻っている．このことは，単なる自然条件変化だけで，集落立地の編度が説明できないことを示している．つまり，aの因果律だけでは解釈できず，bの要素の重要性がわかる．

2.5　想定される因果律
―水害環境と初期農耕社会構造変化―

　以上の条件から想定できる変化の因果律は，下記のようなものでないか．大規模灌漑や治水が土木技術上・社会的労働編成上実現できていない弥生時代〜古墳時代の初期農耕社会においては，集落つまり水田耕作地に隣接して耕作集団が集落占地することは基本条件であった．一方，複数集団による協業水田経営の要素も次第に増大していた．そのため耕作地と集落の配置関係は地域社会統合の進行に従い整理される傾向にあったが，その完全な実現は困難であった．しかし，3世紀以後のエリート層による政治性顕示戦略は地域統合化傾向を促進し，そこに地形変動を伴う水害発生の頻度の高まる4〜5世紀の自然状況が作用した．それにより，従前より進行しつつあった，地域社会の中での集団占地に管理性・計画性が強まり，集落配置に変化が生じ地域社会統合は決定的なものとなった．

　上記の解釈が，古墳時代中期に鉄器生産の増大と型式変化や須恵器生産の確立と増大という，手工業変化の大変換という本稿では紹介できていない大きな社会変化を背景としていることは，もちろんのことである．百舌鳥・古市古墳群への巨大前方後円墳群の移動，各地での首長系譜集団の移動も同じである．集落立地の変化はこのような4〜5世紀間に起こる大変化の一つとして起こる．そのため，水害につながる降雨量変化の様相変化だけを理由として，集落立地変化要因を論

じることができないことは明確である.

　しかし，手工業生産や地域間関係変化を示すモニュメントの変化は，どのような環境ステージや集落・集団間関係の変化と連動して引き起こされたかと考えることは重要である．その上で水害を引き起こす環境とそれへの技術的・社会的適応の実態と因果律を考察することは不可避であろう．中塚氏の気候変動分析や本稿における集落立地の定量的分析はそのために不可避なものと考える．

　また，このような分析を進めることが，災害と歴史事象との相関を考える上で少しでも貢献となるのであれば望外の喜びである．さらに，末筆ながら，共同研究をともに行なったほかの研究員諸氏から本章のもととなる論文を執筆する上での刺激をいただいたことに感謝を記したい．それとともに，中塚の気候変動分析データの解釈に問題や誤謬があるとすればそれは筆者の責任であることを明記しておきたい．

参考文献

井上智博 (2007) 沖積低地における地形形成過程と土地利用の関係―大阪府河内平野の弥生時代水田を中心に―．日本地質学会学術大会講演要旨，p.74.

大庭重信 (2014) 河内平野南部の弥生時代集落景観と土地利用．日本考古学，**38**，pp.47-65.

古川　匠 (2013) 桂川右岸地域における古墳時代集落の動向 (5). 京都府埋蔵文化財情報，**122**，pp.1-23.

中塚　武 (2015) 酸素同位体比年輪年代法がもたらす新しい考古学研究の可能性．考古学研究，**62** (2)，pp.17-30.

中西靖人 (1992) 農耕文化の定着．近畿〈新版古代の日本 5〉，角川書店，pp.93-118.

安田喜憲 (1990) 気候と文明の盛衰，朝倉書店．

若林邦彦 (2001) 弥生時代大規模遺跡の評価―大阪平野中部の弥生時代中期を中心に―．日本考古学，**12**，pp.35-54.

若林邦彦 (2005) 集落からみた「畿内」社会．シンポジウム記録 5 畿内弥生社会の再検討・「雄略朝」期と吉備地域・古代山陽道をめぐる問題，考古学研究会．

若林邦彦 (2008) 集落と集団 2 ―近畿―．集落からよむ弥生社会〈弥生時代の考古学 8〉，同成社．

若林邦彦・田島夕美子 (1999) 弥生後期～古墳前期における河内平野南遺跡群．河内平野遺跡群の動態 7　南遺跡群―弥生時代後期～古墳時代前期編―，大阪府文化財調査研究センター，pp.273-285.

第3章　登呂遺跡と洪水

藤尾慎一郎

　1970年代までに生まれた人びとにとって学校で最初に習った弥生時代の遺跡は，教科書に載っていた静岡市の登呂遺跡であろう．豊かにイネが実った水田は畦で仕切られ，畦は壊れないように矢板で補強されていた．収穫したイネを保管する掘立柱建物，周堤をもつ平地式住居は，そこに平和で豊かな暮らしが存在したことをうかがわせるのに十分であった．

　1990年代以降，教科書における弥生時代の代表的な遺跡という地位を佐賀県吉野ヶ里遺跡に明け渡すことにはなったものの，1999（平成11）年から5年間行なわれた登呂遺跡の再整備に向けた情報収集のための調査は，これまでとは異なる登呂遺跡像を私たちに明らかにすることとなった．

　なかでも年輪年代測定によって洪水が起きた年代が年単位で明らかになったことは大きい．酸素同位体比変動グラフを用いれば，当時の気候を詳細に推定することができるからである．高精度な年代と一年ごとの湿潤変化をもとに，紀元2世紀前葉の登呂の人びとが，洪水に対してどのような対応をとったのかを推定することができるようになったのである．本章では，そこからいわば弥生人の災害観ともいえるものを推定することにする．

　本章は以下のような構成をとる．まず，これまでの登呂遺跡像について復習する．次に1999年から行なわれた再調査によって明らかになった新しい登呂遺跡像について報告する．その上で登呂の人びとが水や洪水に対してとった行動の変化と気候変動との関係から，弥生人の災害観に迫ってみたい．

3.1 これまでの登呂遺跡像

(1) 立地と地形

登呂遺跡は，静岡市駿河区に所在する弥生時代の農耕集落である．静岡駅の南南東約2km，現在の海岸線から1.5kmほど離れた微高地上に所在する（図3.1）．

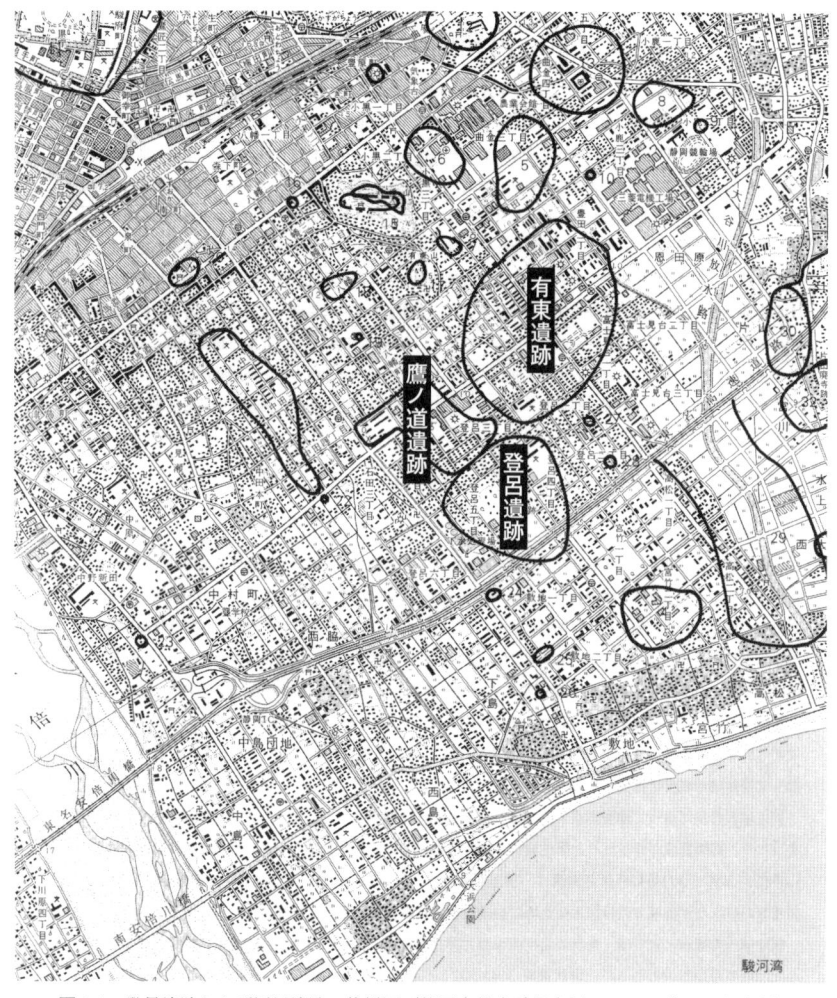

図3.1 登呂遺跡および周辺遺跡の位置図（静岡市教育委員会編，2005：第5図を改変）

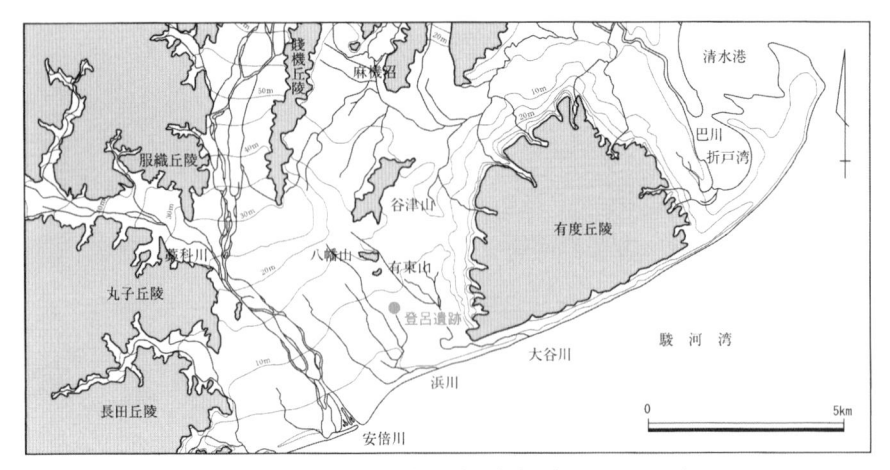

図 3.2　静岡平野の地形（静岡市教育委員会編，2010：p.1）

　安倍川と藁科川が造った扇状地である静岡平野の扇端部に立地する（図 3.2）．
付近には両河川が造った自然堤防上の微高地が分布し，弥生人は標高 6 m の微高
地上に居を構えている．さらに微高地の端から低地にかけて水田が拓かれる．

(2)　これまでの調査

　登呂遺跡が見つかったのは 1943（昭和 18）年 1 月，住友軽金属工業の戦闘機用
のプロペラを作る工場建設に伴う水田土のすき取り工事の際である．もちろんま
だ戦争中のことであったが，7 月に毎日新聞が報道し，8〜9 月に第一次発掘調査
が行なわれた（図 3.3）．

　戦後，1947〜1950（昭和 22〜25）年にかけて行なわれた，第二〜五次の調査は，
考古・人類・歴史・地質・動植物・建築・農業経済学などの研究者が集った総合
調査で，かつ市民も参加して行なわれた．このときの成果が 80 年代までの教科書
に掲載されている．また登呂遺跡の発掘を契機に 1948（昭和 23）年には日本考古
学協会が設立されたことも記憶に新しい．その結果，1952（昭和 27）年，弥生時
代の遺跡として初めて国の特別史跡に指定された．同時に登呂遺跡は遺跡のある
場所に住居と高床倉庫を復元した初めての遺跡となった．なお，1965（昭和 40）
年には，東名高速道路建設に伴う事前調査が行なわれ，登呂遺跡の水田域が東西
約 300 m，南北約 400 m の広がりをもつことが確認され，遺跡の南限が判明して

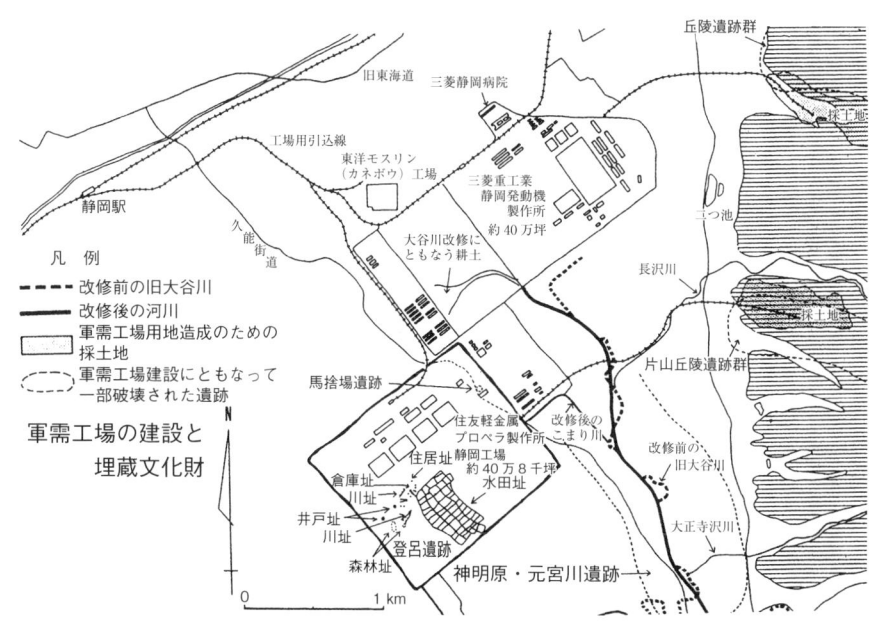

図 3.3 軍需工場の建設と埋蔵文化財（静岡市立登呂博物館編，2012：p.18）

いる（第六次調査）.

(3) 調査成果

登呂遺跡の意義は，なんといっても日本考古学史上初めて見つかった水田跡と弥生集落の景観を具体的に示したことである．日本の水田稲作は弥生前期から行なわれていて，木製農耕具や大陸系磨製石器などの道具がそろっていたことは，1938（昭和13）年から行なわれた奈良県唐古遺跡の調査によってわかっていたが，水田跡だけは見つかっていなかった．登呂遺跡の水田は弥生前期の水田ではなかったものの，初めて先史時代の水田跡を見た当時の研究者は，2000年前の水田稲作技術の高さに目を見張ったのである．図3.4は教科書にも載っていた登呂遺跡の平地住居とよばれているもので，水田と同じ弥生後期に属すとされた．柱穴が見える住居の床面を取り囲むように堤が回っているのが周堤である．地下水位が高い登呂遺跡では，地面を掘ると水が染み出すために竪穴住居が造れない．したがって周囲に盛土をして竪穴を掘らないで済むようにして造る．床をとりまいて

図 3.4　1949 年の発掘調査で見つかった平地住居跡
（静岡市教育委員会編，2010）

土堤がめぐり屋根の垂木を受ける．土堤の内側には板をさし，ならべて壁を造る．外側には小杭をめぐらして，土堤を保護しているが，この小杭の根元はまた工事においてほかの横木で補強されている．

　床の四隅には柱穴が掘られ，その底には柱の沈下を防ぐために礎板が置かれている．炉は中央かやや奥に青粘土を敷いた炉を設ける（杉原，1959）．1 号住居は，5 回以上の建て替えが行なわれたと報告されている．

　これらの調査成果は，1951（昭和 26）年に『登呂』（毎日新聞社刊）で公開された．

　20 世紀の登呂遺跡像を簡単にまとめると，以下のようなものとなる．

　　登呂遺跡は，日本で米を作り始めた弥生時代（後期）の農村で，安倍川に近い微高地上に立地していた．周囲には森林があり，安倍川の支流登呂川が流れる湿地で，居住域には 12 軒の住居と 2 軒の倉庫が配置され，その南には「中央水路」と杭や矢板で護岸された畦によって大区画された 32 枚（第 6 次調査によって 50 枚に増加した）の水田（湿田）が営まれていた．有東遺跡から分村して成立した村が，短期間（一型式の土器の使用期間）のうちに安倍川の洪水によって埋没してしまった（静岡市教育委員会編，2005：4 頁）．

こうしたイメージは，この平野の母村である有東遺跡の人口増加を受けて分村が行なわれ，地下水位の高い湿田を水田にもつ登呂遺跡が造られたという理解に

つながっていった．そのむらの規模はかなりの大きさである．しかし，たった一度の大洪水によって埋没して，以後，登呂遺跡は復興することはなかった，という登呂遺跡像につながっていく．

　いずれにしても，調査によって明らかになった弥生むらの姿は水田稲作を行なう平和な農村というイメージであり，同時に神話を中心とする皇国史観から科学的に証明された歴史へと大きく転換する一翼を担ったのである．

3.2　現在の登呂遺跡像

(1) 平成の発掘調査

　周辺諸科学を総動員した総合調査が大々的に行なわれた結果，これまで考えられていたような住居群に水田が伴うむらが 100 年以上継続した，という単純な話ではなく，300 年にわたって，この地に居住域と水田域が，断絶しながらも営まれ続けたことが明らかになった (静岡市教育委員会編, 2006)．そのあらましは以下のとおりである．

　再調査の結果，登呂遺跡の中心部分においては，居住域で 2 回の洪水と三期にわたる生活面，水田域で 3 回の洪水と三期にわたる生活面が確認され，断絶しながらも長期にわたって複数の地点で生活が営まれていたことが明らかになった．つまり 12 軒の住居からなるむらが大洪水まで存続したのではなく，複数の単位からなるむらが，幾度かの洪水にあいながらもとどまり続け，300 年以上，継続したあと放棄されたことになる．では以下，登呂遺跡の盛衰を時期ごとに詳しくみていくことにする．

(2) 静清平野における弥生遺跡の消長

　岡村渉は，登呂遺跡のある静清平野の遺跡変遷を次のように復元する (図 3.5)(岡村, 2006)．なお，西暦は炭素 14 年代測定にもとづく歴博の年代観である．

　紀元前 3 世紀の中期前葉にはまだ静清平野の中央部に人びとは進出しておらず，平野に面する丘陵上に暮らしていたと考えられているが，住居跡はまだ見つかっていなくて，遺跡の規模も小さいという．

　人びとが平野部に進出するのは紀元前 250 年頃の中期中葉頃のことで，平野の

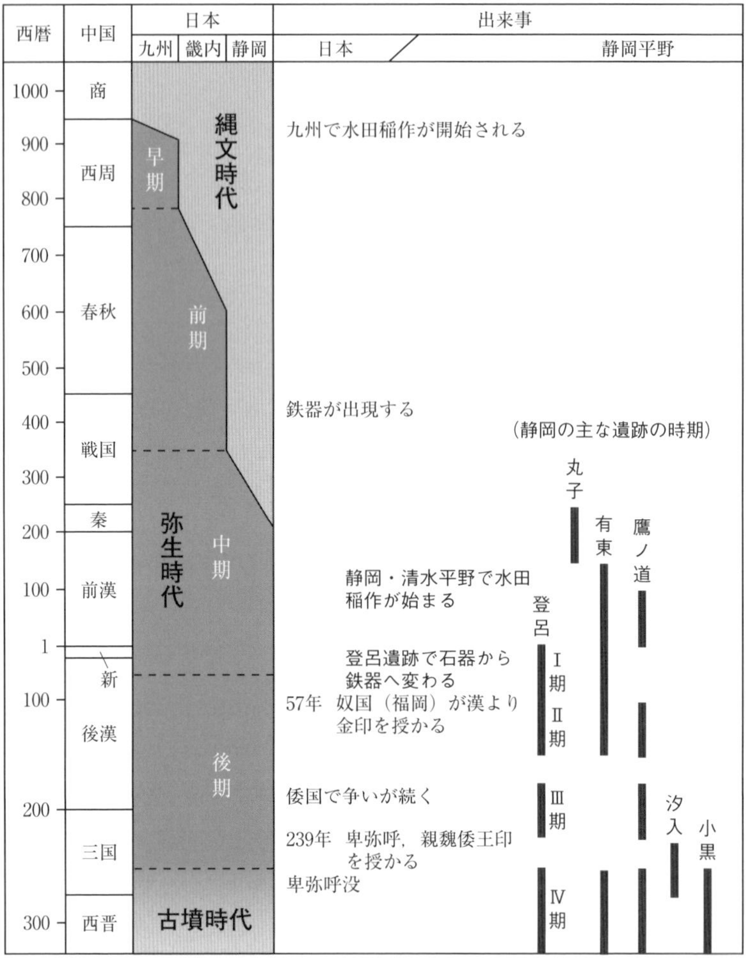

西暦	中国	日本			出来事		
		九州	畿内	静岡	日本		静岡平野
1000	商		縄文時代		九州で水田稲作が開始される		
900	西周	早期					
800							
700	春秋	前期					
600							
500							
400	戦国				鉄器が出現する		（静岡の主な遺跡の時期）
300		弥生時代	中期				丸子
200	秦						有東　鷹ノ道
100	前漢				静岡・清水平野で水田稲作が始まる		
1						登呂	
100	新 / 後漢		後期		登呂遺跡で石器から鉄器へ変わる 57年　奴国（福岡）が漢より金印を授かる	I期 / II期	
200	三国				倭国で争いが続く 239年　卑弥呼，親魏倭王印を授かる 卑弥呼没	III期	汐入　小黒
300	西晋	古墳時代				IV期	

※日本の時代区分と西暦との対応は，国立歴史民俗博物館の放射性炭素（C14）年代法による分析結果を参考に作成した．

図3.5　静岡平野の遺跡変遷（静岡市教育委員会編，2010を一部改変）

中心部に進出していることを確認できる．有東遺跡はその典型例である．中期後葉になると平野部に暮らしの中心が移り，遺跡の大型化，環壕集落や方形周溝墓の成立などといった農耕社会が成立したことを示す考古学的証拠がみられるようになる．岡村によれば有東遺跡，駿府 城 内遺跡，川合遺跡を拠点集落とする三つの単位が認められるというが，その中でも中心となる遺跡では，居住域，墓域，

水田域がそろって見つかる傾向が強いという．

　後期前葉（登呂Ⅰ期）になると，墓域はまったく不明になる代わりに，給排水路と大畦畔を伴う広範な水田域が確認されるようになる．後期中葉（登呂Ⅱ期）になると，居住域と水田域が確認できる遺跡と，水田域だけが確認できる遺跡が増える．特に中期後葉に成立した有東遺跡のような大規模遺跡の周囲にこの段階の遺跡が多く認められ遺跡数も増加する．しかし静岡平野南東部を中心に洪水が起こり，砂礫が堆積する．

　洪水後の後期後葉になると，遺跡が丘陵部へ広がるようになり，平野と丘陵の双方に分布するように変化するが，まだ丘陵部の居住施設は小さい．一方，平野部の大部分は水田域になる．洪水による砂とシルトからなる堆積土を耕作土に巻き込むようにして，水田が復興されたことがわかる．なお住居はこの面の上に造られている．1世紀以降，まったく不明だった土壙墓が丘陵上に見つかるようになる．

　このあと再び大洪水が襲い，有東遺跡を除いて厚い洪水堆積土に埋没する．

　弥生終末から古墳前期にかけて，丘陵部の遺跡で住居が密集して造られ，方形周溝墓も成立することで，平野部を水田，丘陵部を居住域や墓とする分離が起こった．

　以上のような平野と丘陵部全体の動きの中で有東遺跡を拠点集落とするまとまりは，どのような変遷をたどるのであろうか．有東遺跡と登呂遺跡の動向に注目してみていくことにしよう．

(3) 登呂遺跡の変遷

　紀元前2世紀（中期後葉）頃，久能街道微高地上に有東遺跡（居住域）が出現し，その西側の鷹ノ道遺跡（墓地）や登呂遺跡，東側の豊田遺跡（墓地）や小黒遺跡からなるまとまりの出発点となる．登呂遺跡はまだ表舞台に出ていない．

　登呂地区に遺構が造られるようになるのは弥生後期に入ってからで，全部で四期に分けられている．洪水で2回途切れ，最終的に洪水で埋没するが，人びとはなぜ洪水が頻発するこの地に何度もむらを造ったのであろうか．その原因を考えるために，各期の状況をみてみよう（図3.6）．

　Ⅰ期：弥生後期前葉（1世紀）　　居住域＋水田域　有東遺跡や鷹ノ道遺跡では

遺構が不明になるが，登呂地区に居住域と水田域が造られる．

Ⅱ期：弥生後期中葉（2世紀前半）　　居住域と水田域が継続するが，冠水が繰り返されたのち，洪水か起こる．有東遺跡，鷹ノ道遺跡，豊田遺跡に居住域が造られ，水田は登呂地区と鷹ノ道遺跡に営まれる．その後，登呂地区や鷹ノ道遺跡には洪水でゆっくりと砂が堆積．登呂地区から人びとは移動してしまうものの，鷹ノ道遺跡はすぐに復興する．

Ⅲ期：弥生後期後葉（2世紀後半）～末　　登呂地区に居住域が復活する．最終的には，前回を上回る洪水が突然来襲し，登呂と鷹ノ道は水田域に，有東と豊田もわずかな居住域を残してほとんどが水田域になる．一方，日本平のある有東・登呂遺跡の東側の丘陵である有度丘陵において住居が突如増加，多数見つかるようになる．

Ⅳ期：古墳前期～中期（3～4世紀）　　平野部のほとんどが水田域になり，登呂地区は全面水田域に．鷹ノ道もわずかな居住域を残して水田化する．反面，汐入遺跡と小黒遺跡で居住域が出現する．この状況が古墳中期まで継続する．

では細かくみていこう．

〈Ⅰ期〉第1段階・Ⅰ期古（図3.6a）～第2段階・Ⅰ期新（図3.6b）1世紀

登呂地区の成立．居住域と水田域が造られる．外縁区画溝（SD2003・2010）や域内区画溝（SD-2021・2023）が掘削される．建物の細分は難しいとされている．

第2段階になると域内区画溝がよどみ，埋まり始める．そのかわり幅狭の域内区画溝（SD-2024・2026）が新たに掘削される．住居に周溝が認められる．

紀元前2世紀に成立した有東遺跡ではこの段階の遺構が不明なので，登呂地区に居住域と水田域が移ったと考えられている．

〈Ⅱ期〉第3段階・Ⅱ期古（図3.6c）～第4段階・Ⅱ期新（図3.6d）2世紀前半

居住域と水田域が継続するが，有東遺跡にも居住域と水田域があらわれる．

第1段階の外縁区画溝（SD-2003・2010）と域内区画溝が埋め戻され，新たにSD-2001が掘削される．建物は規模や柱穴が大きくなる傾向が認められる．第4段階と時期区分できない建物も多い．周堤護岸杭が認められる．

第4段階になると，SD-2001が改修される（図3.6d）．掘立柱建物（SB-2001）が成立し特殊な空間が設けられる．建物は建て替えが頻繁で，南方へ集中する傾向が認められる．周堤は盛土によって拡大される．

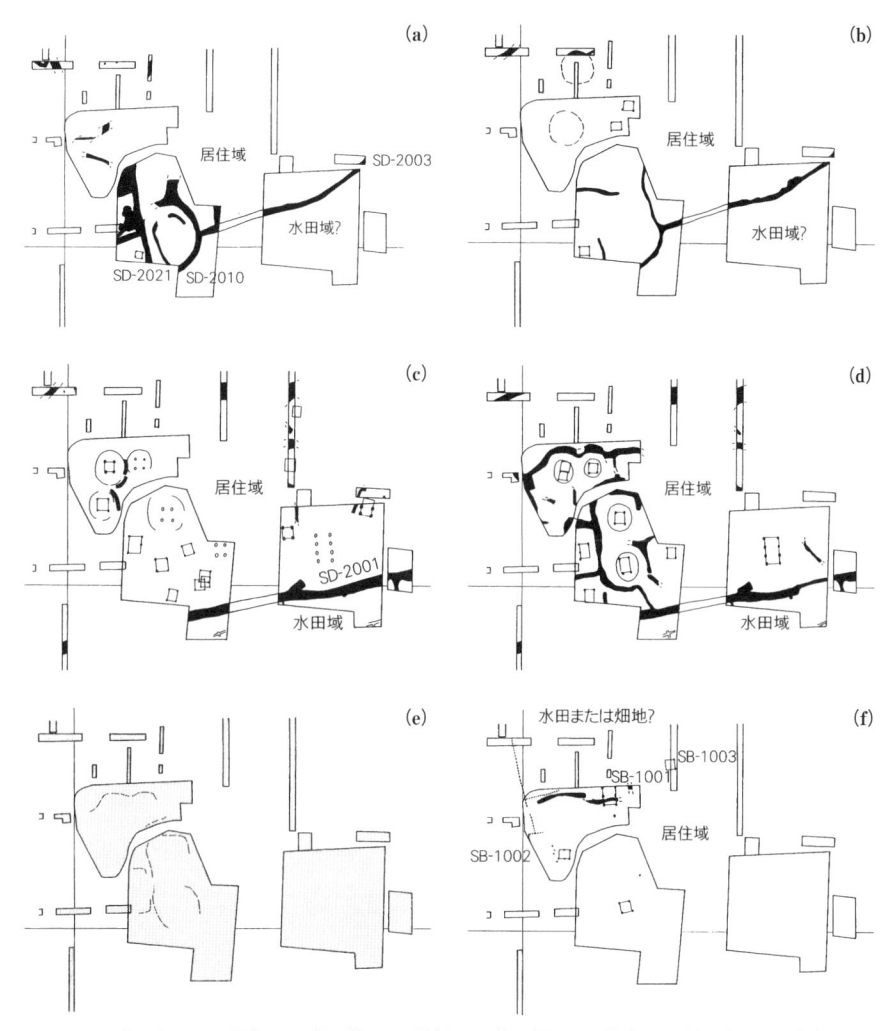

図3.6 a：第1段階・I 期古，b：第2段階・I 期新，c：第3段階・II 期古，d：第4段階・II 期新，e：第6段階・III 期，f：第7段階．（静岡市教育委員会編，2005：第184図）

　このように I 期から II 期にかけて，断絶こそはないものの，溝が埋まったりよどんだりしているところから，移動するまではないものの地下水位が上昇して対応に追われていたことがわかる．この時期は光谷拓実がスギ材を対象に行なった年輪年代測定によって，紀元後75年から122年までが最外年輪と報告されている

（光谷，2006）．したがってⅡ期に洪水が襲うのは，2世紀前半〜中頃と考えられている．その結果，居住域と水田域が一体となって存続した登呂の中心時期（Ⅰ〜Ⅱ期）は，1世紀から2世紀中頃までの期間であったと推定されている．

〈洪水襲来〉第5段階

冠水および洪水による砂で全域が埋没する．砂は居住域で厚く，水田域で薄く埋没したものの，住居跡は高まりとして存在した可能性が説かれている．冠水が始まった頃は，洪水に備えて柱材や生活用具を携え，むらを捨てて移動．むらは一旦廃絶する．その後，洪水が襲ったと考えられている．

〈Ⅲ期〉第6段階・2世紀後半（図3.6e）

洪水後，居住域には洪水堆積土の上に住居，掘立柱建物，溝などが復興する．水田域では前段階の畦畔や水路を踏襲し，杭や矢板で護岸した．洪水堆積土が耕作土中に混合されている．

〈洪水再来襲〉第7段階（図3.6f）

再び，前回を上回る大洪水が起き，砂で全域が埋没する．今回の洪水は，家財道具などを持ち出す暇もないほどの急襲であった．

〈Ⅳ期〉第8段階・3〜4世紀

水田域のみ復興し，全域が水田域となる．以後，居住域は二度と復興することはなかった．

このように2世紀の半ばを過ぎると洪水が襲うようになる．まだ一回目は対処できたようで建物の建築材や家財道具を持ち出せるだけの余裕はあったようだが，二度目の洪水はそうした対応ができず，もはや水田としてしか使えない土地になってしまい，居住域が復興されることはなかった．

(4) 登呂遺跡の全容

a. むらの内容

以上のような変遷をふまえて，平成の調査で明らかになった登呂遺跡は次のような内容であった（図3.7）．

全体で19軒以上の住居跡，9棟以上の掘立柱建物，1棟の大型掘立柱建物が見つかったが，時期別の細かな棟数は明らかにされておらず，すべて累積結果と報

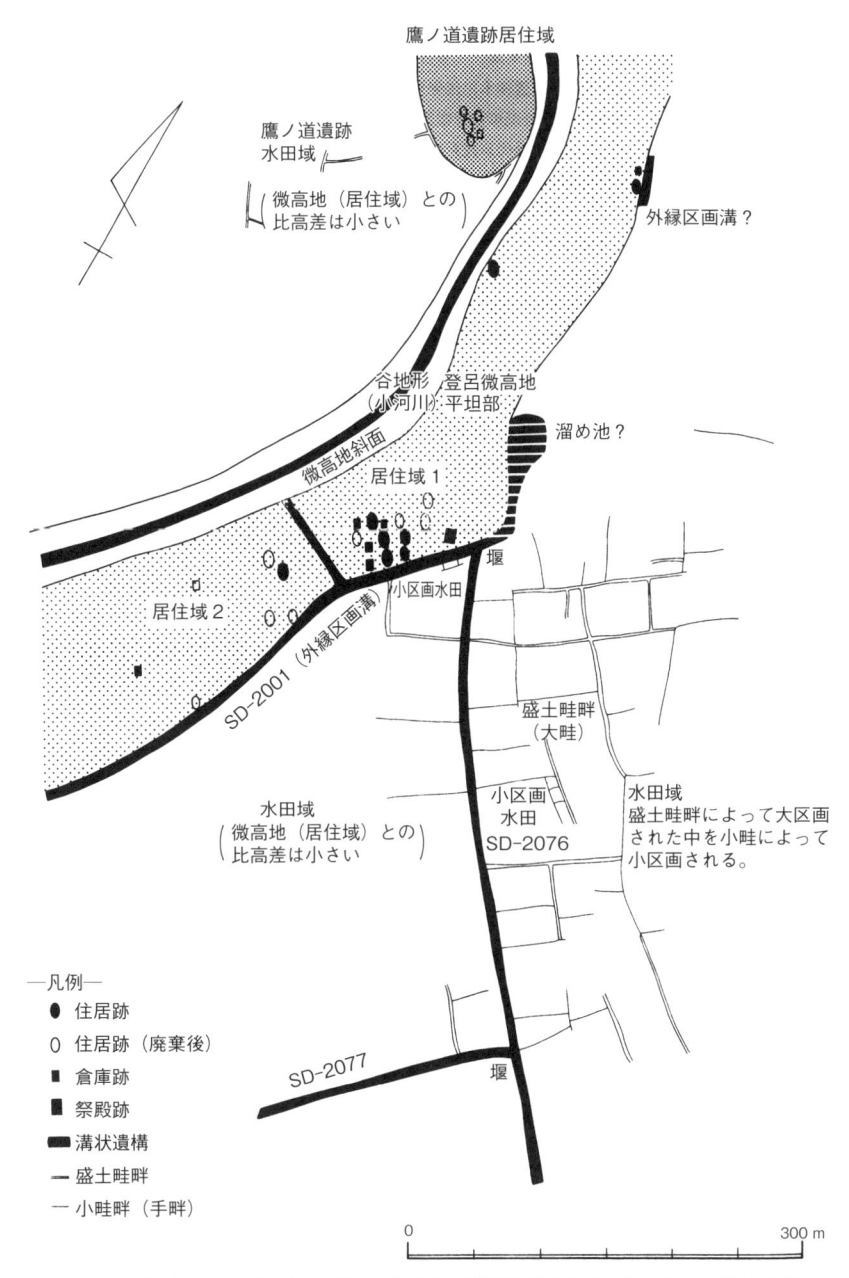

図 3.7 2世紀前半の居住域と水田域の見取り図（静岡市教育委員会編，2005：第 187 図）

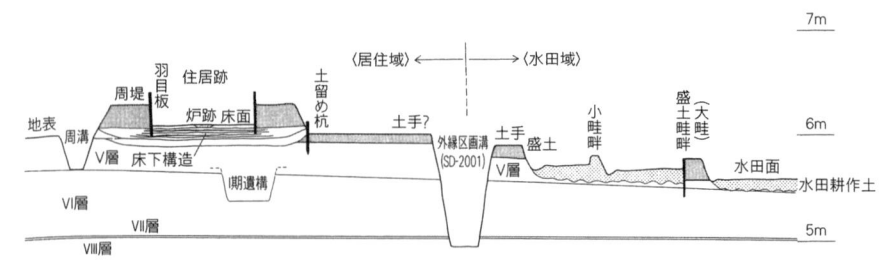

図 3.8　居住域から水田域への移行模式図（静岡市教育委員会編，2005：第 186 図の一部）

告されている．つまり同時に何棟存在していたのかは不明である．

　紀元後 122 年の数年後，唯一，全体像が明らかになっている洪水が襲う前のⅡ期末（2 世紀前半）の集落構造が復原されているので紹介しておこう（図 3.6d）．居住域は標高 6 m の微高地上にあり，水田との比高差が 50 cm ほどしかないところから，周囲より少し高いところに住居が造られたと考えられる．居住域の規模は約 6,000 m² で，住居 5 軒，倉庫 4 棟，祭殿（大型掘立柱建物）1 棟が存在した．住居は，周堤と周溝で水から防御されており，防水措置を施した床下構造など，地下水位の高いところに住居を造る際の工夫が施されている（図 3.8）．

　石川日出志によれば，こうした低地仕様の平地住居は，中期前葉に静岡や愛知で出現し，独自に発展を遂げるという．その後，後期には北陸，後期中頃には関東へと波及する（石川，2006）．

　Ⅱ期に掘られた土手を伴う外縁区画溝である SD-2001 を改修して水田域と区画し，内側に住居と祭殿を建築する．住居の周溝からは排水が流れ込んで，居住域外へ排出される．

　水田は昭和の調査で明らかにされた大区画水田ではなく，盛土畦畔によって大区画して，その内部を小畦畔によって区画して小区画としたものであった．昭和の調査で出土した杭や矢板の大部分は，Ⅲ期の水田に伴うもので，耕作土の流出を防止するためのものであった．ただ，1 年中，すべての小区画水田でコメを作っていたわけではなく，休耕していた区画もあったと推定されている．

　水は，湧水や地下水の染み出しを水路に集めることで居住域における地下水位の低下を促し，集めた水は水田域で利用していたと考えられている．耕作土は厚さが 15 cm 以下で，腰まで沈むような深田ではないため，深田用とされていた田

下駄の機能は再検討する必要があるとされている.

作っていたコメには，熱帯型と温帯型ジャポニカが混在していて，Ⅰ期からⅡ期にかけての籾の形状は多様でバラバラであったが，その後，単一なものへと変化している．品種が統一された可能性がある．背景に気候の変化があるのかどうかが焦点となる.

農具にはカシが使われているが，それ以外の木製品は99％がスギ材であった．直径が2mものスギ材を利用する方法がシステム化されていたようである．ただ集落の周辺で見つかったスギの根株は直径が70cmなので，どこか離れた丘陵部で伐採して運搬し，遺跡内で加工するシステムが存在したことが，鍬の未製品の多さや，駿河型の琴を自前で作っていたことなどから想定されている.

登呂遺跡では，Ⅰ期の1世紀代は石製の伐採斧が継続して使われていた模様だが，2世紀のⅡ期には石製の伐採用の斧がすでに出土しないので，Ⅰ期中に鉄器へ移行した可能性が考えられている．しかし鉄器自体は一点も出土していない．穂摘用の石庖丁も出土していない.

堅果類を加工するための石皿や磨石などの石器は後期以降も使われ続けるほか，石製装身具製作用としても使われていた可能性がある.

青銅器としては銅釧や小銅鐸が出土している．土壌中からはスラグ類も見つかっていることから，青銅かガラスの製造が行なわれていた可能性がある．また武器形の木製品も出土していることから，農耕祭祀以外の広域のまつりが行なわれていたと考えられる．有東遺跡や鷹ノ道遺跡などを含んだより大きな集団を単位としていたのであろうか.

b. 自然環境

登呂遺跡をめぐる自然環境も昭和の調査とは異なる結果が得られた．登呂遺跡は海に近いことから海水が近くまできていたと考えられていたが，珪藻分析の結果，海水の影響はなかったことがわかっている．全体的には低湿だが，花粉分析や種子分析の結果，居住域にはカナムグラなどの畑地雑草もみられることから，やや乾燥していたようである.

住居の周溝からは多数の寄生虫の卵が検出されたので，糞尿で汚染されていたことがわかる．これらの汚水は当然，水田まで流れていったと考えられる．

漁撈も活発に行なわれていたが，昭和の調査の結果，想定されていた淡水魚は

確認されず，海水産の魚類が主だったようだ．

　昭和の調査では原生林の森林を開墾してむらが拓かれ，周囲には残された原生林が存在したと考えられていたが，平成の調査の結果，樹齢 70 年以下のスギやカシ類が意識的に残されていたことがわかった．

c. 立地

　昭和の調査では登呂川の氾濫による洪水で壊滅したと考えられていた．しかし平成の調査の結果，具体的な河川名はわからないものの，大河川が氾濫したときの洪水堆積層であることが明らかになった．

　生活面が保存のよい状態でのこっていたのは，削平作用の弱い洪水によって，登呂遺跡全体が洪水堆積層に覆われた幸運によるところが大きいことがわかっている．

d. 登呂遺跡の性格

　紀元前 2 世紀に出現した，この地域のパイオニア的存在である有東遺跡から分かれた子村といわれてきた登呂遺跡だが，紀元前 1 世紀に有東遺跡で遺構が空白になる時期に居住域と水田域が造られていることから，分かれたのではなく，有東遺跡から人びとが移動してきたことによって作られたむらの可能性があるという．

　その後，100 年あまり，登呂遺跡に居住域と水田域が存続した期間が登呂遺跡の中心期間である．途中，住居が占地する，周りよりも高いところを残して，水没したこともあったが，ゆっくりとした水面上昇であったために，人びとは建築材や家財道具を持って逃げ出すことができたようだ．

　しかし 3 世紀前葉に起きた洪水には対処できずむら全面が埋没してしまう．その後，水田域は復興するものの，居住域は二度と復興することなく，登呂地区は全面，水田域として耕作が行なわれる．しかも地形的により高いところへも広がっているので，灌漑技術の向上によって乾田の利用が可能になっていたと考えられている．

　同時に有東遺跡で居住域が増加することから，洪水に追われて登呂地区から人の移動が起こった可能性がある．増えた人口をまかなうため，有東遺跡では，登呂地区を全面，水田として利用するとともに，さらに可耕地を求めて乾田として利用できるところまで開発を継続したのであろうか．

有東遺跡と有機的な関連がみられるのは登呂遺跡だけではなく，登呂から北に約 200 m 離れた鷹ノ道遺跡のように，登呂遺跡と同じ自然堤防上にのり，住居・水田・方形周溝墓が見つかった遺跡もある．この遺跡の水田や水路の走向が登呂遺跡と連接していることに石川も注目しており，建物の軸がそろうだけではなく，水田区画と水路の走向が一致していることは，集落の概念に再考を促すものとして注目している（石川，2006）．

3.3 登呂の人びとの洪水対応

　一年単位で夏の降水量の変動を記録できる酸素同位体比による気候変動と，登呂遺跡の消長との関係をみてみることにしよう．図 3.9 は，長野県南部の埋没ヒノキから得られた，紀元前 4 世紀から紀元後 3 世紀までの年輪セルロースの酸素

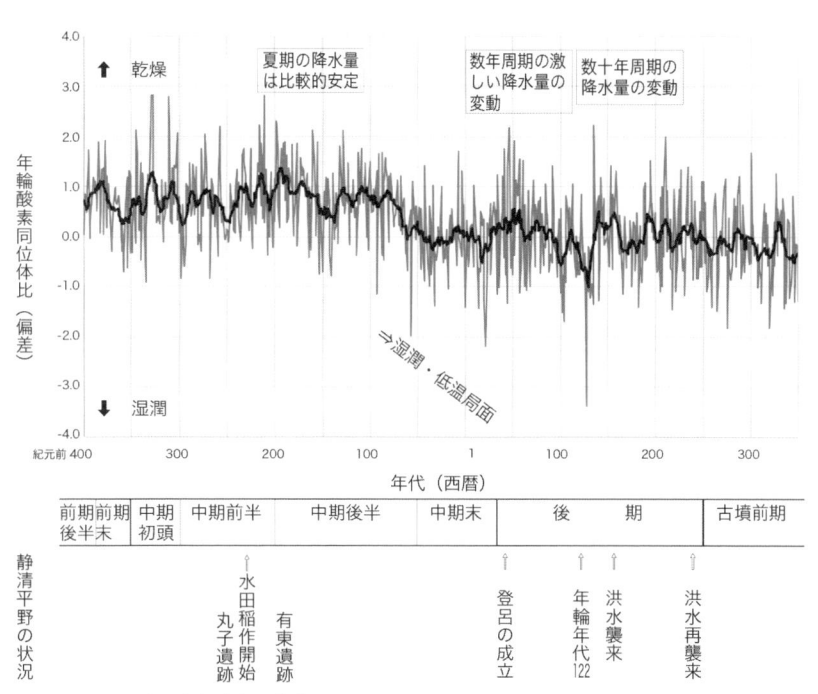

図 3.9　中部日本の年輪酸素同位体比から復原した紀元1世紀～紀元4世紀の夏季降水量の年々変動（提供：総合地球環境学研究所・気候適応史プロジェクト代表・中塚武）

同位体比の経年変動のデータである．偏差がグラフ上の上にあたる＋（プラス）にふれると，温暖，乾燥局面．下にあたる－（マイナス）にふれると低温，湿潤局面であることを表す（詳細は第1章を参照のこと）．

　有東遺跡が登場する紀元前2世紀頃は，夏期の降水量が比較的安定し，高温，乾燥局面が長周期で続く時期である．東日本の太平洋側で水田稲作が始まる紀元前3世紀中頃から紀元前1世紀前葉までは，まさにこの局面に相当する．中塚武のいう長期安定型に相当し，河川の水位が毎年一定のため，低地の広大な水田の利用が可能になり，安定した高収穫のもとで人口が増大する（中塚，2012）．

　しかし紀元前1世紀前葉を境に湿潤・低温局面へと気候は大きく変わり，紀元後1世紀に入ると，数年周期で湿潤が繰り返す数年周期変動型の段階に入る．有東遺跡で遺構がみられなくなり，登呂遺跡が成立するのがまさしくこの段階に相当する．この気候変動の変わり目に有東遺跡から遺構がなくなり，下流の登呂地区に新たな居住域と水田域が現れるのは興味深い．

　紀元後1世紀に入ると，数年周期の激しい降水量の変動期に入るが，登呂の人びとは短い周期の湿潤変動には対応できたようで，溝を掘り返したり，新たに掘り直したりして，しのいでいたことが登呂Ⅰ～Ⅱ期の発掘所見で推定され，まさに登呂遺跡の中心となる時期といえる．

　人びとは，ひたひたと水が忍び寄る状況には，家財道具や家屋の柱までも持ち出して，ほかの場所に避難するなどの対応をとることができた．この時期，丘陵部にも集落がみられるようになるもののまだ小規模なのは，本格的な移転ということではなかったことを反映しているのかもしれない．

　水が引いてⅢ期になると人びとは登呂地区に戻り，洪水によって溜まった土を鋤き返して水田稲作を行なったようである．この時期は数十年周期の降水量の変動期なので，人びとの洪水の記憶が薄まるには十分な時間であった．

　突然襲ってきた前回よりも大きな洪水によって逃げ出す時間もなく登呂遺跡全面が洪水によって埋没するのは，3世紀前葉のことである．中塚のいう数十年周期変動型で，「当時の人びとの記憶を越えた数十年周期の降水量の変動が背景にあったのではないだろうか」と指摘している（中塚，2012）．まさに「災害は忘れた頃にやってくる」である．人びとは登呂地区を二度と居住域として利用することはなく，水田としてのみ利用し続けるに至ったのである．

丘陵部に居住域と墓域が，低地部に水田域が本格的に造られ，占地の分離が起こったのは，忘れた頃にやってくる大洪水を避けるための，人びとの知恵といえるのかもしれない．

3.4 お わ り に

再調査によって明らかになった登呂遺跡の内容から，弥生後期の人びとの洪水という災害に対する対応や，有東，鷹ノ道，登呂遺跡という三つの遺跡との関係について知ることができた．

まず数年周期の変動に対しては対応できても，数十年周期の変動に対しては対応できない人びとの行動を，2000 年前の水田稲作民においてもみることができた．

またこの地域の母村である有東遺跡に問題がない場合は居住地区がおかれ，人口が増加した場合は，登呂遺跡や鷹ノ道遺跡に居住域を拡大して複数の集団からなるむらへと発展する．岡村の指摘通り中期後葉の大規模遺跡の周囲に多くみとめられるという指摘と符合する．しかし紀元前 1 世紀前葉に起きた湿潤・低温局面への変動が発生すると，有東遺跡の人びとは登呂や鷹ノ道に緊急避難的に移動して生活を継続した．地下水位が高く必ずしも好立地とはいえないのだが，十分に余裕をもって対応できたがために，暮らし続けることができたのである．分村してもお墓だけは鷹ノ道遺跡の方形周溝墓に求められたのであろうか．それから 100 年ちょっとの期間が登呂地区が最も盛行する時期である（登呂Ⅰ・Ⅱ期）．

Ⅱ期の終わり，2 世紀中頃に起きたと推定される洪水は，数年周期の激しい降水量の変動に伴うもので，水がひたひたと上がってくるものであったため，家財道具や柱材まで持ち出して避難できている．まさに備えあれば憂いなしといったところであろうか．

水が引けばまた戻り，住居，掘立柱建物など居住域を復興し，洪水によって堆積した土をすき込んで水田土壌としている（登呂Ⅲ期）．

しかし 3 世紀前葉に襲った洪水に対しては，人びとの記憶が薄れていたようで，あまりにも突然の想定外の出来事であったがために，対応できず登呂地区からの撤退を余儀なくされた．旧地形を大きく変えるほどであった洪水の結果，人びと

はそこに居住することを諦め，登呂地区を水田域として利用することに決めた．前代よりも標高が高くなり乾田といえるほど環境は変わっていたが，それに対応できるだけの開墾技術と鉄の道具の進展によって，対応できたものと考えられる．一方で，東側の有度丘陵において居住跡が突如見つかるようになるので，居住区を移したとも考えられる．

〈謝辞〉2015 年 4 月には登呂市立博物館を訪れ，岡村渉氏をはじめスタッフの方から直接お話を伺うことができた．記して感謝の意を表します．

参考文献

石川日出志（2006）登呂遺跡の再調査がもつ意義．特別史跡登呂遺跡再発掘調査報告書―自然科学分析・総括編―（静岡市教育委員会 編），静岡市教育委員会，pp.177-180.

岡村　渉（2006）静清平野における弥生時代遺跡の分布と登呂遺跡．特別史跡登呂遺跡再発掘調査報告書―自然科学分析・総括編―（静岡市教育委員会 編），静岡市教育委員会，pp.171-176.

静岡市教育委員会 編（2005）特別史跡登呂遺跡再発掘調査報告書―考古学調査編―，静岡市教育委員会．

静岡市教育委員会 編（2006）特別史跡登呂遺跡再発掘調査報告書―自然科学分析・総括編―，静岡市教育委員会．

静岡市教育委員会 編（2010）特別史跡　登呂遺跡，静岡市教育委員会．

静岡市教育委員会 編（2012）特別史跡登呂遺跡再発掘調査報告書―補遺編―，静岡市教育委員会．

静岡市立登呂博物館 編（2012）登呂遺跡　はじめて物語― 40 メモリーズ：登呂博物館 40 周年記念展―，静岡市立登呂博物館．

杉原荘介（1959）登呂遺跡，中央公論美術出版．

中塚　武（2012）気候変動と歴史学．日本史と環境―人と自然―〈環境の日本史 1〉，吉川弘文館，pp.38-70.

中野　宥（2006）登呂遺跡関係文献にみる動向．特別史跡登呂遺跡再発掘調査報告書―自然科学分析・総括編―（静岡市教育委員会 編），静岡市教育委員会，pp.163-170.

第4章 幕末・明治の出版にみる災害表象
―浮世絵の風景表現を中心に―

大久保純一

　安政2年10月2日（1855年11月11日）の午後10時頃，関東南部を襲ったマグニチュード7クラスと推定されている大地震は，その激しい揺れと直後に発生した火災によって，人口が密集し，地盤の軟弱な江戸の下町を中心に甚大な被害をもたらすこととなった．

　この安政の江戸大地震に関しては，その直後からさまざまな出版物が売り出されている．当時の江戸は日本最大の都市であり，大衆を基盤とした出版文化も隆盛を極めていた．そうした背景もあって，地震の被災状況を簡略な絵図と文字情報で周知した「場所附」などの瓦版類，地震の被害や遭遇した人びとのエピソードなどを冊子本の体裁にまとめたもの，地震の原因であると信じられていた地中の大鯰をテーマとした一種の戯画・諷刺画である鯰絵など，震災に関して出版されたものの内容は実に多岐にわたる．場所附や冊子本などは震災の被害状況を考察する資料として災害史の分野で活用されており，鯰絵も都市史や民俗学の分野で注目を集めつつある[1]．

　安政江戸大地震で出されたさまざまな木版印刷物の特徴としてあげられるものに，その内容の多彩さだけではなく，絵画表現の緻密さ，あるいは迫真性の高さという点がある．安政2年10月の江戸大地震よりも前に，嘉永7（1854）年11月に連続して発生した安政東海地震，安政南海地震などでも被害状況を伝える一枚刷が出版されているが，江戸大地震以前のものがほとんど粗悪な彫りと墨一色の摺り，たとえ色摺であってもごく簡素なものであるのに対し，江戸大地震のあとに出版された一枚刷には，本職の絵師が版下絵を描き，彫りも摺りも錦絵並みかそれに準ずるような精緻なつくりものが散見される．それらも現状では，「瓦版」という名称でくくられていることが多いが，その語感が醸し出す，速報性の一方でクオリティを犠牲にした商品イメージとはかなり異なるものである．

　しかしながら，これまで絵画史の領域では，こうした木版刊行物による震災絵図について，必ずしもまとまった考察がなされてきたわけではない[2]．そのため本章では，安政江戸地震を機に盛んに出版されるようになった災害表象を，筆者の特に専門とする浮世絵の風景画史の視点から眺めてみることにしたい．

4.1　一枚刷に見る震災

　本章冒頭で触れたように，安政江戸大地震の直後から地震に関するさまざまな木版印刷物が刊行されているが，それらの中で従前の主題の延長上にありながらも，描写の質では先行例をはるかに凌駕するものも見出される．

　たとえば，被災した場所を江戸の絵図の上に示した一枚刷は，安政江戸大地震以前から盛んに作られている．火災の多かった江戸では，「焼場付（やけばづけ）」などという題名で，焼失した場所を速報的に知らせており，それは親類縁者の安否を気遣う江戸市民の需要に応えるものであった．それらのほとんどは，簡略な絵図と粗い文字を質の悪い紙の上に墨一色で摺り立てたもので，被災後，できるだけ早く売り出さねばならないこの種の商品の性質をよく示している．

　安政江戸地震の際にも，この種の一枚刷は「出火場所附（しゅっかばしょづけ）」や「大火方角場所附（たいかほうがくばしょづけ）」などの名称で売り出されている．それらの多くは彫りの粗い墨一色摺のものであるが，例外的に「大江戸一覧」と題した異色の作例も知られている（図 4.1）．

　「大江戸一覧」は隅田川東岸上空から西に向かって江戸市街を俯瞰したもので，この視点は，享和 3（1803）年に出版されて好評を博した鍬形蕙斎（くわがたけいさい）の「江戸名所之絵」以来，江戸市街地全景をパノラマ的に描く際のお定まりのものとなっていく．「大江戸一覧」は錦絵でいえば大判三枚続に相当し，蕙斎の「江戸名所之絵」やその類作よりは画面プロポーションが幅広である．ただし，図像的には極小な画面に微細な筆致で描き込んだ亜欧堂田善（あおうどうでんぜん）の小判銅版画「東都名所全図」に近い．こうして大観的にとらえた江戸市街地の絵図は，一見すれば蕙斎の「江戸名所之絵」同様に江戸の名所案内絵図かと見まごうが，よく見ると市街地のあちこちから火の手が上がっており，画中の枠で囲まれた中に被災地の状況が説明されているので，機能的には一応「出火場所附」や「大火方角場所附」などと同様のものということができる．

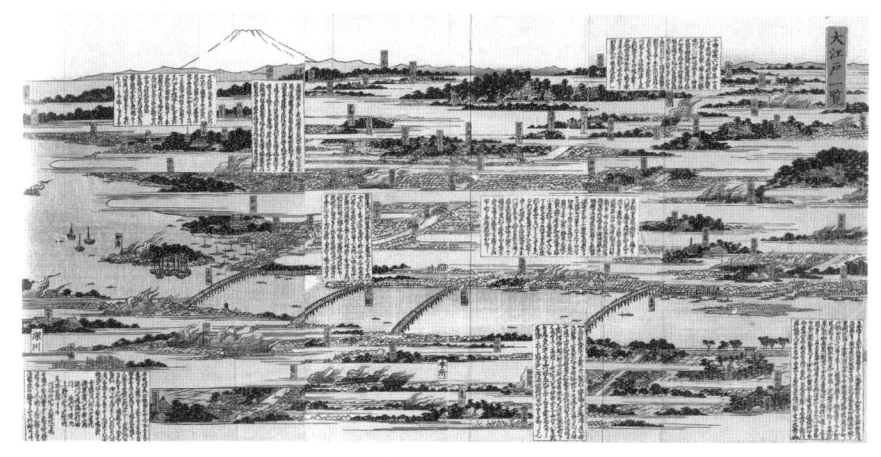

図 4.1　「大江戸一覧」(国立歴史民俗博物館蔵)［口絵 1 参照］

　しかしながら，江戸城や家々の屋根，森や林などを描く筆致は，個性こそ乏しいものの全体的に丁寧で，三囲稲荷や浅草寺，両国の見世物小屋など，名所とされる場所もほぼ描き込まれている．枠で囲って被災地を説明した文字も筆耕の手になる几帳面な字体である．絵，字ともに彫りに粗雑なところはなく，摺りも藍，緑，橙，黄，灰（薄墨）が用いられており，技法的には錦絵と同じ高度な木版多色摺である．江戸末期には時事的な性格を帯びた錦絵が盛んに作られるようになり，それに応じて摺刷工程にかかる時間も従前より短縮化されていた可能性があるが，これだけ細かい絵柄の図を多色摺で売り出すまでには，それ相応の時間がかかったであろう．まして，この図には被災状況を説明した詞書がかなりある．当時の板木の彫りは，絵を彫る彫師と字を専門に彫る彫師に分かれていたため，別々の工房で彫られた版木を合わせるという作業も必要だっただろう[3]．

　こうしたことを考えると，この「大江戸一覧」が被災状況を速報するという機能を第一義に帯びていたとは考えがたい．となると別の出版意図を想定しなければならないが，江戸の名所案内図の図様を踏襲していることも勘案すると，市中に大きな被害をもたらした地震後の出火状況を描きとどめ，手元に置いておくという，「記録」あるいは「伝達」(蕙斎の「江戸名所之絵」などの絵図は江戸への来訪者に江戸の名所の所在を概観的に伝えるという機能を果たしていた）の機能を期待したものと考えられるかもしれない．

図 4.2　「大地震火事略図」(国立国会図書館蔵)

　同様の趣向で被災状況を描き込んだ多色摺の一枚刷に，「安政二乙卯年大江戸
大地震 並 焼場所細 調 記」もある．江戸を西に向かって鳥瞰した江戸市街地をと
らえており，江戸城とその南の大名邸が密集する武家地は平面地図をはめ込むな
どの細部の違いはあるが，「大江戸一覧」なみの緻密な描写と，同図以上の詳細な
詞書など，やはり低廉で速報性を主とした瓦版とは異なる制作意図を感じさせる
ものである．

　「大江戸一覧」や「安政二乙卯年大江戸大地震並焼場所細調記」が高い視点から
距離をとって出火する江戸市街地を描いているのに対し，より被災現場に近い視
点でとらえ，精巧な彫りで複数の色を摺り加えた一枚刷もまた出版されている．
筆者が目にしえた限りにおいても，次のようなものがある．

- 「大地震火事略図」　左に絵，右に題名と詞書（図 4.2）
- 「関東類焼大地震」　左に絵，右に題名と詞書
- 「関東類焼大地震」　前図と異版関係にあるもので，図の部分は酷似．ただし
　　　　　　　　　　　本図には詞書がなく，図中央上部に題名が記される．
- 無題　画面上半部に「夫天変大ひにして…」で始まる詞書，下半部に倒壊し
　　　　類焼する家並み
- 無題　画面上半部に「寛永四年…」に始まる詞書，下半部に倒壊し類焼する
　　　　家屋（図 4.3）

図 4.3 「大地震火事場の図」［仮題］（個人蔵）［口絵 2 参照］

これらは画面の大きさや筆致などに相互に違いがあるため，錦絵の揃物^{（そろいもの）}のような一連のものとはいいがたいが，いずれも，地震の大きな揺れで町家が倒壊したあとで，火災が発生し人びとが逃げ惑うさまを臨場感豊かに描く点で共通しており，細密な絵柄と丁寧な彫り，火災部分に朱，家屋部分などに薄墨をほどこすなどの色摺である点も同様である．異版の「関東類焼大地震」と「寛永四年…」の詞書をもつ無題のものは，瓦の部分が藍で摺られている．詞書をもつものは，その字体は専門の筆耕の筆を思わせる丁寧なものである．

こうした火災現場をリアルに描く一枚刷もまた，そう短期間に作ることは難しいため，地震直後の速報を目的としたものではないだろう．今日，この種の震災図が所蔵機関において瓦版に分類されていることをしばしば目にするが，基本的に性格を異にするものであるように思われる．

これら一枚摺の震災図と画趣の近いものとして，次章でやや詳しく触れる『安^{（あん）}政見聞誌^{（せいけんもんし）}』において被災の光景を描いた図が想起される．深川一帯の火災の光景を描いた図など，あるいはこれら一枚刷のどれかと筆者を同じくするものがあるのではないかと思わせるところさえある．『安政見聞誌』は震災の翌年の 3 月末に

完成し，4月から売り出された．これら色摺の一枚刷の出版がそこまで遅れると
は考えにくいにしろ，震災からある程度の時間をおいて売り出されたものと考え
るのが自然である．となると，その出版意図は速報性ではなく，未曾有の震災の
惨状を絵に描き，かつ文字に記しとどめ，体験した者にとってはその記憶を呼び
覚まし，そうでない者にそのありさまを伝えるためのものだといえるだろう．

4.2 『安政見聞誌』に見る災害表象

　安政江戸地震の惨状を挿絵でビジュアルに，かつ文字で詳細に記録し，後世に
伝え残そうとした出版物として『安政見聞誌』の右に出るものはないだろう．仮
名垣魯文と二世一筆庵英寿の編著になり，安政江戸大地震に関する出版物の中で
最も注目すべき本書に関しては，筆禍を得た原因，あるいは内容の分析に関して
すでに研究の蓄積がある[4]．ここでは，もっぱら絵画史的な観点に基づき本書の
挿絵に焦点を当てて考察することにしたい．

　挿絵に関してまず目をひくのが，手の込んだ造本のありようである．それは，
見開き画面で完結せずに，丁を繰ったあとまで図様が連続する挿絵（連続挿絵と
よぶことにする）と，丁の片辺を綴じずに折り込みとした製本である．この両者
は本書中に何箇所か見出せるが，その最も劇的といってよい例は，上巻十二丁表
から十三丁表まで，この二つの趣向を複合した挿絵群である．

　十二丁表は地震で倒壊した家並みが火災に包まれる場面である．濃淡墨摺の上
に火災の炎のみ朱で摺り加えた画面は，夜間に発生した大震災の雰囲気をよく醸
し出している．前述した安政の大地震後に出版された絵画性の非常に高い刷物に
似た画趣であるので，そうした作例を参考にした可能性もあるだろう．この挿絵
の詞書に，

　　　今度の騒乱は前代未聞の事なり就中此深川は他に勝たり武家町家共崩潰多
　　　く安体なるは一家もなし

とあるように，深川一帯の被災の光景であることがわかる．この十二丁表をめく
ると，同じ筆致と画趣でやはり紅蓮の炎に包まれ，人びとが逃げ惑う町の光景が

図 4.4 『安政見聞誌』上巻，被災する深川.（国立歴史民俗博物館蔵）

図 4.5 『安政見聞誌』上巻，吉原仮宅.（国立歴史民俗博物館蔵）［口絵 3 参照］

描かれている．十二丁表とこの見開き挿絵は図柄そのものは連続していないが，さらに丁をめくって十三丁裏とは図柄が連続し，一丁半にわたる広い視野で市街地の阿鼻叫喚のさまが展開する．図様の連続はないが画趣が同じである十二丁表も含めると，丁を繰ることによって都合三場面も深川の被災の光景が展開することになるのである（図 4.4）．こうした連続挿絵は後述するように，名所図会によく用いられる趣向であるが，19 世紀初頭頃から，読本や合巻などの小説挿絵にも読者に時間や空間の推移を感じさせるものとしてしばしば用いられてきたものである[5]．

　これに加えて，十二丁裏と一三丁表の見開き挿絵は折り込みとなっており，これを左右に開くと一転して鮮やかな多色摺の画面が現前する（図 4.5）．のどの部

分を中心に左右それぞれ一丁分，通常の見開きの倍の広さの画面が一度に目に入る．図様は連続するものの丁が袋綴じされていることで，一度に全体を見ることのできない図会や読本挿絵などにはない趣向で，読者に大きな驚きを催させるものであっただろう．

　そして，そこには華やかな遊里の情景が描き出されている．右半分は「大黒屋仮宅」の昇りが立つ二階家とその前の路上を埋める群集，左は道を挟んだ向かいの二階座敷で繰り広げられる遊女と客の宴の光景である．震災のあとに全焼した吉原が深川で仮宅営業を行ない，それが繁昌している様子が華やかに描き出されているのである．

　造本上の工夫をもとに，暗と明の対比，過去と現在の鮮やかな対比を行なった着想にうならされる．

　上巻十五丁からは本所辺りを舞台としたエピソードがいくつか綴られる．その最初は，本所辺の屋敷に住居する何某の家臣が井戸の水の濁るのを見て地震の来ることを察知し，私財の灰燼に帰すことを逃れたといういささかできすぎた話で潤色・創作の疑念も払拭できないが，それに続いて次の一文が挿入されている．

　　　亀井戸住玉蘭斎今度の急変を逃れ同所天神川の堤より江戸の方を見るに四方
　　　遠近に火災起り家倉瓦等の崩る音は再震動するかと思はれ諸人安き心もな
　　　き体を見る侭写真せしを爰に出す

玉蘭斎とは，五雲亭とも号した浮世絵師の歌川貞秀（文化4（1807）年生，没年不詳）のことである．貞秀は初代歌川国貞（三代豊国）の弟子で，幕末から明治初頭にかけて最も人気のあった浮世絵師の一人である．彼は文政後期から版本挿絵を中心に作画を始めるが，天保に入り錦絵も数多く手がけるようになる．江戸末期までの錦絵の作画量としては武者絵が多く，嘉永頃から名所絵の作例も増えてくる[6]．幕末から明治にかけては，鳥瞰図的な視覚で広い範囲を一望する名所絵（当時は「一覧図」の名称でよばれた）で人気を得たが，それを支えたのが彼の空間把握に対する卓越した才能である．すでに天保期の名所絵や武者絵などに明確に示されていることだが，透視図法的な理解による空間の奥行き表現に関しては，当時の浮世絵師の中でもトップクラスにあった[7]．その玉蘭斎が写生した

図 4.6 『安政見聞誌』上巻,「四ツ目ヨリ天神川通り堤上ニテ江戸ノ方ヲ見ル」(国立歴史民俗博物館蔵)

被災風景ということで,画像が読者に与える臨場感は,より高められることになる.

　前述の一文を記す丁をめくり,さらに本所永倉町および同じく中の郷での被災のエピソードが記される折り込みの見開きを左右に開くと,その貞秀の筆になる,のべ二丁の画幅にもわたる広い視野の見開き挿絵が現前する（図 4.6）.画面下辺に沿って土手道が配され,そこに「四ツ目ヨリ天神川通り堤上ニテ江戸ノ方ヲ見ル」との注記がある.天神川は深川,亀戸を南北に流れる横十間川の別名なので,この注記を文字どおりに受け取れば,この運河に沿った道から視線を西にとって江戸市街地を遠望した図ということになる.「四ツ目」が竪川の四つ目の渡しの付近を指すのだとすると,横十間川と竪川との合流点からほど遠くない場所になる.近景の刈田の中を斜めに流れるのは南割下水だろうか.左手に見える果樹園のようにも見える樹林が切絵図などで当てはまるものが思い当たらないので,絵師の視座の特定には確信がもてないが,いずれにしろ亀戸あたりの田園からの景観であることは間違いなかろう.

　先にこの図の特徴を広い視野と書いたが,遠景の地名の書き込みを見ると,最も右端が吉原,そこから「金りう山」(金龍山),「本願寺」(東本願寺) と浅草あたりがとらえられ,ほぼ正面に「本丁」(本町),やや左に「京ハシ（京橋）山下御門」など,江戸の中心部の地名が続き,左端に「深川中丁（仲町）」とある.おおよそ120度の画角に収めた景観であり,これは人間の両眼視野にほぼ等しい.近・

中景に特に目をひく大きなモティーフもない平闊な風景だが，透視図法を用いた刈田の畦の描写などにより，豊かな空間の奥行きが実現されている．

　また，この図で目をひくところは，画面に占める空の大きさであり，画面縦軸のおよそ3分の2が空となっている．画面の縦横比率が横に長い画面に，こうした広大な空を取り込む構図は，天保初期の歌川国芳の名所絵（「東都○○之図」など）に例があるものの，名所絵ではむしろ異例である（広重の「名所江戸百景」など空の面積が広い図のほとんどは竪絵である）．そして，江戸の市街地の火災の煙が幾条も立ちのぼり，空を埋め尽くしている．その煙の空を背景に，前景の土手道を被災した人びとが逃げる姿や，市街地の火災を遠く眺める人びとの姿が描かれる．彼らは，悲嘆する様子や広範囲の火事に驚く仕草で描かれているが，画面全体の中で占める大きさは点景以上のものではなく，それが鑑賞者の感情を揺さぶるほどのものではない．それよりも，この挿絵で見る者の印象に強く残るのは，火災の煙で埋め尽くされた広い空である．

　市街地を遠く離れた名所ともいえない何の変哲もない場所から望む視座や，人間の生理的な視野に近い画角などをも勘案すると，前述の一文にある「写真」の語句の示すとおり（この当時の「写真」は，今日の「写生」にほぼ近い意味をもち，「しょううつし」などとルビが振られることも多い），この図は絵師貞秀が土手の上から望んだ実際の景観をかなり忠実に写し取ったものだとみなすことができるだろう．無論，絵であるからには多少の取捨選択やデフォルメといった操作が加えられてはいるであろうが，従来の名所絵の範疇には収まらない，大災害のリアルな記録画といってよい性格を帯びている．群衆の阿鼻叫喚の姿もなく，田園の向こうに小さく見える市街地からただ煙が立ちのぼるという禁欲的なまでな情景描写が，それだけにかえって出来事の真実味を高めているかのようである．主観的な評価に過ぎないとの誹りをあえて承知の上でいえば，この江戸市街地遠望図は，安政の大地震の被災のさまを描く無数の絵画の中で，最も迫真性の高いものといえるだろう．

　やはり上巻九丁表から二二丁裏にいたる挿絵も，複雑で巧妙な仕掛けとなっている．すなわち，門と笠木の落下した鳥居，その門前の町家が倒壊している左半丁の挿絵をめくると，これに連続するより広範囲の門前町の被災の様子が見開きであらわれる（図4.7）．この挿絵には題名が記されていないが，門と鳥居はおそ

図 4.7 『安政見聞誌』上巻，被災する亀戸天満宮門前（国立歴史民俗博物館蔵）

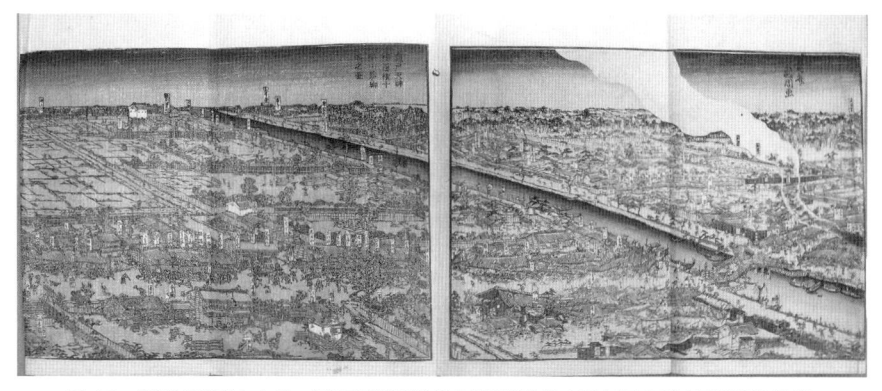

図 4.8 『安政見聞誌』上巻，「亀戸天神橋通横十間川筋柳嶋之図」（国立歴史民俗博物館蔵）

らく亀戸天満宮の表参道，倒壊した町家はその門前町だと思われる．とみるのは，折り込みになっているこの挿絵を左右に開くと，その中により広い視野で広範囲の被災状況を描く一鶯斎国周画の「亀戸天神橋通横十間川筋柳嶋之図」（図 4.8）が出現するからである．この挿絵もまた，折り込み部分を両側に開くと二丁分になるワイド画面の挿絵である．

　「亀戸天神橋通横十間川筋柳嶋之図」の作者である国周は貞秀同様，初代国貞の

門下生だが，師が豊国を襲名したあとの入門なので，晩年の弟子である．主に豊原国周の名で知られ，明治を代表する浮世絵師の一人となるが，その作画領域は主に役者絵と美人画である．美人画の背景に江戸の名所風景をとらえたものは散見されるが，貞秀とは異なり純名所絵的な作品は乏しく，また風景描写に特に秀でたとという評価があるわけではない．その彼がここでは俯瞰によって広い範囲の被災の状況をきわめて細緻に描き出している．

　絵師の視座は天神橋通りに沿って並ぶ堀家（信濃須坂藩），井上家（下総高岡藩），本多家（近江膳所藩）の下屋敷が建ち並ぶ辺りの上空にあり，北に向かって鳥瞰している．見開きの画面の中央を斜めに横十間川が貫流し，その向かって右手に亀戸天満宮の社地と津軽家の抱地，萩寺（竜眼寺），左手に三藩邸と向かい合う柳嶋町と深川六間堀町代地の商家，大名家の抱地が遠景の押上村まで続いていく．横十間川の先には柳嶋妙見があるはずだが，この図にはその境内は描かれず，それを隠しているかのように国周の師匠である歌川豊国（とよくに）の家がかなり目立つように描かれている．

　師の家が描かれているからといって，前述の貞秀の図と同様に絵師国周の個人的な視覚体験を重視した景観だと決めつけることはできない．同所二十三丁表から同裏にかけて，

　　十七　亀戸天神社無異境内大破損同所門前丁一丁焼る又同所角自身番所より出火此辺り小火所々にあり猶又近辺小やしき民家崩家潰家多く凡焼失同様の所多し

とあるように，亀戸天満宮は本殿こそ無事だったが，境内とその界隈の人家の被害はことに大きかったからである．

　また，この挿絵は俯瞰描写となっているが，見開き画面の右半分の景観は，『江戸名所図会（えどめいしょずえ）』巻之七にある挿絵「亀戸宰府天満宮」（図 4.9）に依拠したものであることが指摘できる．すなわち横十間側を斜めにとらえ，北に向かって俯瞰する視点は，『江戸名所図会』の左半丁から見開きへと連続する一丁半の挿絵の見開き部分とほぼ一致するのである．大きく異なるところろは，『江戸名所図会』では天満宮の境内が大きくとらえられているのに対し，国周の挿絵では天満宮の西に

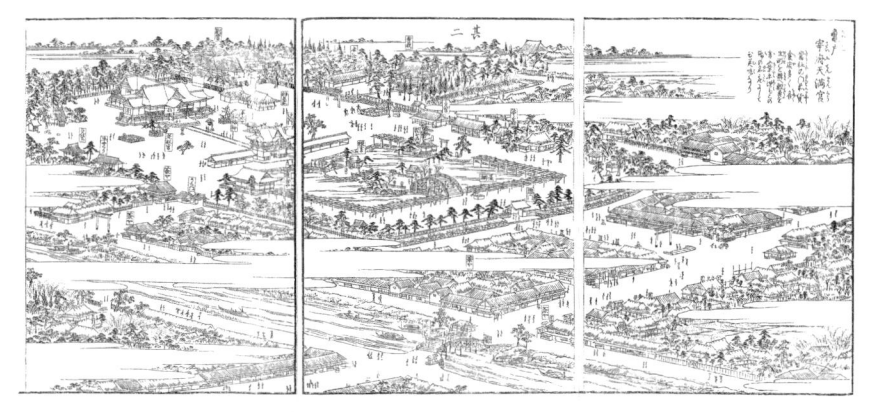

図 4.9 『江戸名所図会』巻之七,「亀戸宰府天満宮」

隣接する光蔵寺, 長寿寺の境内が詳しく描き込まれているものの, 天満宮は画面右端に堂の屋根の一部がのぞいているのみという点である. 両者ともに天満宮門前町の茶屋街を詳細に描くところは一致している. もちろん, 震災の激しさを物語るように, 『江戸名所図会』の挿絵では光蔵寺, 長寿寺の堂宇はほとんど崩れ, 門前の茶屋も将棋倒しのように潰れている.

江戸の名所景観を描くに際して, 『江戸名所図会』の挿絵の構図や視点を借りることは国周だけの特異な事例ではない. たとえば, 江戸名所絵の第一人者といっても過言ではない歌川広重は, その作画期の全体を通して『江戸名所図会』の挿絵を頻繁に利用している. 特に最晩年の揃物「名所江戸百景」では, 俯瞰による図の多くがこの図会の挿絵の一部をトリミングしていることはよく知られている. 少し足を延ばせば実見できる江戸とその周辺の景観を描くために, 広重が『江戸名所図会』の挿絵を用いた理由について, 完全解答のようなものを用意することは難しい. 広重は, 発刊直後からたいへんな売れ行きを示し, 貸本屋を通じて広く読まれたこの図会に描かれた名所景観が, 個々の名所の定型イメージとして人びとの間に普及・定着することを見越したのではないかとの推測を, 筆者はかつて行なったことがある[8]. 大規模火災による江戸市中の被害状況を視覚的に周知するための刷物が, しばしば, 鍬形蕙斎の「江戸名所之絵」などを通じて定着している江戸市街を鳥瞰する定型的絵図の上に, 出火・焼亡地を落とし込んでいるのと同様に, 亀戸周辺の被災状況を俯瞰図として描く際に, 絵師国周の脳裡に

江戸を扱ったベストセラー地誌である『江戸名所図会』中の挿絵を参照すること
が浮かんだと考えることも，あながち見当外れではないだろう．

　ところで，この二つの挿絵の視点の類似は，『江戸名所図会』が亀戸という一つ
の名所エリアの典拠図として活用されたとだけ考える以上の意味を有しているも
のかもしれない．名所図会の挿絵の特徴として第一にあげられるものに，俯瞰に
よって比較的広いエリアを視野に収め，かつ細緻な描線でエリア内の建物や地形
を克明に描き出すということがある．名所図会の嚆矢であり，その流行を決定づ
けた『都名所図会』の凡例にある，

　　神社の芳境，仏閣の佳邑，山川の美観等，今時の風景をありのままに摸写
　　し，（中略）摂社・艸庵たりとも一宇も洩ず

という作画姿勢がそれである．

　いまひとつは，これもすでに『都名所図会』の時点で採用され，広くその後の
名所図会に踏襲された，見開き画面で完結せず，丁を繰っても途切れることなく
連続し，広大な名所景観を提示する挿絵形式である．

　名所図会の挿絵を特色づけるこの二つの手法が，『安政見聞誌』の挿絵にも見出
されることはすでにみてきたとおりであり，本書の作者は意識的に名所図会の造
本体裁を採り入れようとしているのである．

　この点を，『安政見聞誌』の出版意図と重ねて考えると，どのように解釈できる
だろうか．同書序文の末尾近くにある，

　　予四方の知己を訪らふついで．その所々のさまを見るに随ひ是を図し．聞に
　　したがひ是を記し．後生の児輩に．此災厄を知らで枕を高く安らかに眠れる
　　御代のかたじけなさをしらしめんとて．一つの冊子につづりおきぬ同じ大江
　　戸のうちにも．其災厄に軽重あることなど．よみもて知り給へといふ．

との一節に，『都名所図会』の凡例にある「幼童の輩，坐らにして古蹟の勝地を見
ることを肝要とす」や，『江戸名所図会』の凡例の「これその地の風光を潤色して，
他邦の人をして東都盛大の繁栄なる事を知らしめ，且つ童蒙の観覧に倦む事なか

らしめんが為なり」と通じ合うものを感じさせる．すなわち，名所図会が遠く離れた地に住む子供らに名所景観のありさまを伝えるものであるなら，『安政見聞誌』は時間的に離れたあとの時代の子供らに震災のありさまを伝えるという，ともに実際の状況を知りえない人びとへの情報提供という性格を帯びているのである．地震の惨状を伝えるだけでなく，エピソードの収録や，震災後に出版されたさまざまな刷物を摸刻した内容の総合性も，ただ名所の現況だけでなく，その由来やそこにちなむ古歌，名産品などさまざまな情報をあわせもつ名所図会の総合性と通底するものといえるかもしれない．

4.3 『安政見聞録』と『安政風聞集』

　発禁になったものの，『安政見聞誌』は大評判をよび，『藤岡屋日記（ふじおかやにっき）』によれば，

　　初（はじめ）九百部通り摺込，三月下旬に出来致し，四月八日より売出し，跡二千通り摺込，手間取十五日に上り，諸方え配り候処，大評判にて（しゅったい）

と，この種の大部な書物としては異例の売り上げをみせた．別の見方をすれば，大評判になったことが摘発への引き金となったことは間違いない．

　評判をよんだだけに，同種の書物がその後の短い間に出版されている．一つは，やはり安政の大地震を取り扱った『安政見聞録』，大雨による江戸周辺の洪水を扱った『安政風聞集（あんせいふうぶんしゅう）』である．

　服部保徳（はっとりやすのり）の編で，安政3年7月に刊行された『安政見聞録』が，内容や体裁の上で，4カ月ほど先行する『安政見聞誌』を強く意識したものであることは，すでに北原糸子が詳しく説いている[9]．冒頭で，折り込み形式を用いて，安政3年の4月20日からの深川永代寺境内での成田山出開帳の人びとでにぎわう光景を描く図（図4.10）の下に，前年11月23日に架け替えられた両国橋の渡り初めに選ばれた一家の祝いの席を描く図を仕掛けたところが，その端的なものである．本書の挿絵は浮世絵師の歌川芳晴（よしはる）の筆になる．同書の内容は震災に遭遇した人びとのエピソード集的なものであるため，挿絵のほとんどは読本挿絵的な人物主体の情景図である．ただ，この成田山出開帳のにぎわいのみは，画面上半部に低い視

図 4.10　『安政見聞録』（国立歴史民俗博物館蔵）［口絵 4 参照］

点でとらえた日本橋の光景が描かれている．もっとも，構図そのものは歌川広重
の保永堂版「東海道五拾三次　日本橋」（図 4.11）を下敷きとして右遠景に江戸城
を付け加えたものである．

　災害の光景そのものに対する描写で注目されるのは，安政 3 年 10 月の序文をも
つ『安政風聞集』である．同書は金屯道人こと仮名垣魯文の編になるもので，安
政 3 年 8 月 25 日に江戸を襲った台風による洪水，高波による被害の様を取り扱っ
ている．魯文は，安政大地震をテーマとした『安政見聞誌』，大水を扱ったこの
『安政風聞集』，さらにコレラの大流行をテーマとした安政 5 年刊の『安政箇労痢
流行記』というように，安政年間に江戸の町を襲った災厄のほとんどに筆をとっ
たことになる．

　『安政風聞集』は駿河から伊豆，相模，江戸と台風が通過した地域の被害状況を
記している．もちろん，江戸市中とその近郊の状況が最も詳しく記されており，
『安政見聞誌』で場所ごとの被害状況を列記したのと同じ体裁をとりつつ，やはり
被災した人のエピソードも随所に織り込んでいる．

図 4.11 「東海道五拾三次 日本橋」(東京国立博物館蔵)

図 4.12 『安政風聞集』上巻, 永代橋か (国立歴史民俗博物館蔵)

　挿絵の作者は下巻冒頭の「異鳥之図」に「森光親模写」の署名があるほかは,
無署名である. 中巻冒頭近くの橋桁の落下した長橋を遠望した図 (図 4.12) が,
たとえば歌川国芳の「東都三ツ股の図」などの名所絵の視点に近いように, 全体

図 4.13 『安政風聞集』上巻，「大橋手前河岸の図」（国立歴史民俗博物館蔵）［口絵 5 参照］

に浮世絵系の絵師を想起させるが，あるいは複数の絵師が関わっている可能性も
ある．なお，この図には画題がないが，中巻に「永代橋中程より東の方七八間風
波に押流され大船の為に打落され…」という一節と符合するところもあるので，
中洲付近から永代橋を望む景かとも思われる．

　上述の橋の被災図が風景画色豊かであるように，本書には風水害の光景を広い
視野で描く挿絵が多数見出される．中巻冒頭近く，西本願寺の本堂の壁や柱が失
われ，大屋根が接地してしまった光景など暴風の激しさを物語っているが，それ
以上に，上巻，中巻で各一カ所ずつ出てくる折り込み見開き画面が圧巻である．

　上巻では「大橋手前河岸の図」（図 4.13）と題して，冊子本としては異例な長大
な画面一杯に大川が氾濫し，川辺の路上までもが河川のようになって舟や家屋，
家財などが流されていく様子がとらえられている．冊子本形態で丁を越えて川の
流れを連続させてとらえる趣向のものとしては，19 世紀初頭の葛飾北斎の狂歌
絵本『隅田川 両 岸一覧』や，隅田川中流部をパノラミックにとらえた『江戸名所
図会』巻六などの先行例がある．「大橋手前河岸の図」もそうした作例の存在を抜
きには考えられないが，こうした造本趣向が都市洪水の惨状を描くのに応用でき
るとは誰が想像したであろう．

　もう一例は中巻の無題の挿絵（図 4.14）で，前図と同じ画面の大きさをもつ．
場所は特定できないが町家の密集した様子や前後の丁の叙述からすると下町辺で
あることは間違いない．家々は屋根が大きく破損し，路は洪水のためにまったく

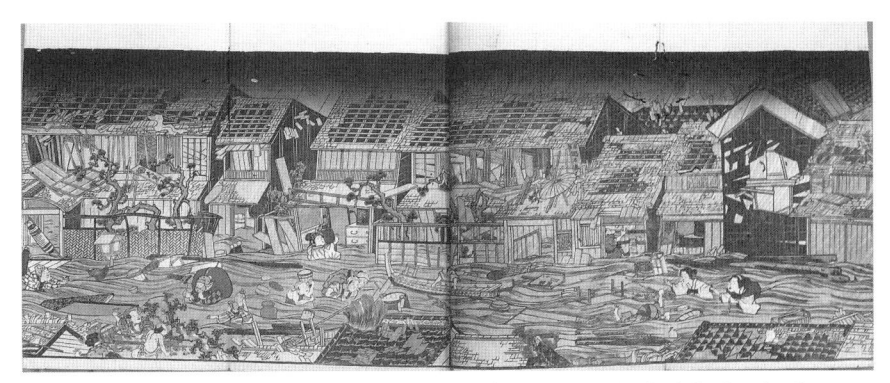

図 4.14 『安政風聞集』中巻，江戸市中の洪水（国立歴史民俗博物館蔵）［口絵 6 参照］

の川と変じてしまっている．そこを流出物を避けるように避難する人びとの姿が描かれている．

この『安政風聞集』や先行する『安政見聞誌』に用いられた，冊子本の見開き画面という制約を乗り越えて，折り込みや連続挿絵を駆使した長大な画面の中に，大災害に見舞われた地域をパノラミックにとらえた挿絵を見ると，言葉はいささか不謹慎かもしれないが，一種の「災害スペクタクル」とでも形容すべき表象が定着しつつあったことを想像させる．無論，未曾有の大災害は，文字どおりそうしばしば訪れるものではないため，ちまたの流行現象のように高い頻度でこうした災害表象が現れるものではないが，ひとたび獲得した表現技術は機会あればまたその適用の場が見出されていく．次章では，そうした展開を明治の錦絵の中にみてみよう．

4.4 明治の「災害錦絵」

安政の大地震を描く一枚刷や，安政の三大災害誌の出版にみられるような，大災害を絵画性の豊かさや，従来の粗悪な彫りや摺りによる瓦版のようなもっぱら速報性に重点をおくのではなく，被災地以外の地方や，あるいはのちの時代にその被害の詳細や直後の世相を伝えようとする性格は，それ以後の時代の出版物にも引き継がれるようになる．ここでは，主に錦絵に焦点を当てて，幕末から明治にかけての災害表象を垣間みてみよう．

図 4.15　「千住大橋吾妻橋洪水落橋之図」(個人蔵)

　明治 18（1885）年 7 月に出版許可を得ている二代歌川国明画の三枚続「千住大橋吾妻橋洪水落橋之図」（図 4.15）は，同年七月三日の洪水により落橋した千住大橋が下流の吾妻橋に激突してこれを壊し，さらに下流の橋に被害を与える可能性があったところを，消防や軍，警察の必死の働きでなんとかくいとめた様子を描き出している．三枚続の画面一杯に隅田川の流れを描き出し多数の人びとを小さく描き添えるありようは，さながら前述の『安政風聞集』見開き画面「大橋手前河岸の図」（図 4.13）を彷彿させる．

　これらの錦絵には，災害を視覚的に伝達するという報道的性格も強いことは否定できない．本来，天保の改革以後の江戸末期以後，明治に至る間の錦絵には事件や世相を視覚的に報道するという性格が強く出てきていた．それらは世相諷刺と相俟って，錦絵市場で小さからぬ位地を占めるようになっていた．安政の大地震で絵画性豊かなさまざまな出版物が行なわれる中で，災害もまたそうした幕末・明治期の錦絵の格好の素材となったというわけである．

　水害以上に，明治期に錦絵の題材として注目されるものに火山の噴火がある．山体の主要部を吹き飛ばし，会津富士とよばれたほどの秀麗な山容を一変させることになった明治 21（1888）年 7 月 15 日の磐梯山の大規模な水蒸気爆発はその一つである．500 人近い死者を出したほどの維新後では特筆すべき自然災害であったため，各種の刷り物や写真が多数出版されている．

図 4.16 「磐梯山噴火の図」（国立歴史民俗博物館蔵）［口絵 7 参照］

　錦絵では「土佐光画」の落款を有し，噴煙から逃げ惑う人びとに焦点を当てた三枚続の「磐梯山噴火之図」（森本順三郎版）や，噴火する山の全景をとらえた幾英筆の三枚続「岩代国磐梯山噴火の図」（佐々木豊吉版）などもあるが，見応えのあるのは後述する小林清親の門人で開化の東京名所を数多く描いた井上探景（安治）の筆になる三枚続「磐梯山噴火の図」（福田熊次郎版）（図 4.16）で，山頂が石榴のように裂けて赤い炎が噴き出し，山麓の集落の上に噴石が飛来するという壮絶な光景がとらえられている．探景がタイミングよく噴火の場に立ち会ったはずはないので，この図は実見に基づくものではないにしろ，写実的な名所絵でならした探景の筆になるだけあって，近景の陰影を用いた集落の描写や画面右手の渓流をうまくいかした自然な奥行きなどが相俟って，この当時の画像としては高い臨場感を演出するものに仕上がっている．この図の版元である福田熊次郎が清親や安治の写実的な名所図を数多く出した版元であることも無関係ではないだろう．

　この図の中には人的被害や土石流で埋まった川の氾濫のさまなど，近隣の被災状況を詳しく記した詞書が添えられている．現地から伝わる情報を収集して記述したものであろうが，「警察官は近傍の巡査を招集し非常に尽力せられ実に其混雑宛も戦地に等し」との一節は，日清・日露の両戦争に際して，戦場の様子を描く大量の錦絵が出版されたことを想起させる．それら臨場感に富む戦闘図や偵察

あるいは野営の光景など，いずれも絵師の実際の戦場体験に基づくものではなく，伝聞情報をもとに視覚化されたものであり，その意味では災害を描く錦絵と相通じるところがある．

ところで，この探景の「磐梯山噴火の図」は余白部に「明治廿一年七月印刷」で「同年十月出版」と出版情報が摺られている．七月に印刷したものを10月に売り出すという時差をどう考えるべきであろうか．通常，摺り上がった錦絵は，特にそれが時事的な性格の強いものであれば，なるべく早く売りに出すはずである．この種の出版検閲に関わる情報を必ずしも文字どおりに受け取ることはできないので，7月にはまだ摺り上がってはいなかったとみなすほうが無理がなく，速報性よりも，噴火後しばらく経って未曾有の大災害の「記憶」として売り出されたものと考えるべきなのであろう．

火山の噴火に関しては，明治26（1893）年5月19日に始まる吾妻山噴火をあげることもできる．福島県と山形県の間にある火山群である吾妻連峰の一切経山が水蒸気爆発を起こしたもので，五年前の磐梯山大噴火に比べると小規模ではあったが，火口付近を調査中だった農商務省の調査員2名が殉職している．不幸にも人的被害があったということと，磐梯山噴火の記憶もまだ色あせていないということで，このときも噴火を報道あるいは記録する刊行物が複数生み出されている．

錦絵では梅堂小国政画の三枚続「吾妻岳噴火之図」（福田熊次郎版）が知られている．実際の噴火場所とは異なり，連峰中で最高峰の東吾妻山の山頂から噴火し，かつ水蒸気爆発であったにもかかわらず赤い炎を吹き上げているなど，絵師の実際の観察に基づくものではないため，事実と異なる表現が見出される[10]．5月20日に出版御届というすばやいタイミングに驚かされるが，それだけに十分な情報収集を行なう時間的余裕はなく，人家や逃げ惑う人びとの上に噴石が降り注ぐ光景など，「磐梯山噴火の図」などを参考に描き上げた可能性もある．

東京から遠く離れた火山の噴火が人びとの関心を惹いた以上に，甚大な人的被害を出した大地震はそれ以上に人びとの関心を集めたため，より数多くの錦絵にとりあげられている．その地震とは，明治24（1891）年10月28日に愛知，岐阜の両県を中心とした中部地方を襲った濃尾地震である．内陸の直下型地震としては推定マグニチュード8という巨大なもので，死傷者24,000人余，全半壊家屋は

図 4.17 「岐阜県愛知県大地震実況」（国立歴史民俗博物館蔵）〔口絵 8 参照〕

22 万戸以上という大被害をもたらした．東京には安政の大地震を体験した人もま
だ生きていた時代であり，注目の集め方は火山噴火の比ではなかっただろう．震
災後に義捐金が集まる様子を描いた錦絵「岐阜県愛知県震災義捐金一覧」の中央
に，鯰絵さながらの大ナマズが描かれていることから，この震災を安政の大地震
と重ね合わせていた人も少なくはなかったことが推測される．

地震の被災状況を描いた錦絵としては，以下のものが出版されている．

- 梅堂小国政「明治廿四年十月廿八日大地震図」（大判三枚続）　福田熊次郎版
- 梅堂小国政「岐阜県愛知県大地震実況」（大判三枚続）（図 4.17）　福田熊次郎
  版
- 歌川国利（「梅翁」落款）「岐阜市街大地震之図」（大判三枚続）　近江屋（沢久
  次郎）版
- 豊原国輝「明治廿四年十月廿八日大地震後図」　石井六之助版

これらはいずれも精細な描写で被災状況を克明に描き出している．一例をあげ
ると，小国政「岐阜県愛知県大地震実況」など，名古屋・岐阜・大垣と被災した
広い地域を一図中に収めるという実際の視覚ではありえない離れ業をみせる一方
で，当時のけばけばしいまでに色彩の氾濫した当時の錦絵とは画趣の異なる暗灰
色を主体とした色彩を抑えた画面が，未曾有の災害を一種客観的な目線でとらえ

図 4.18　「明治丙申三陸大海嘯之実況」(国立歴史民俗博物館蔵) [口絵9参照]

ているような印象を与えてくれる.

　ただ, 西南戦争や日清戦争に題材を得た錦絵の多くが現地に趣くことなく描かれたように, これらの錦絵でも絵師が実際に被災地入りすることはなかったものと思われる. たとえば, 筆者と版元の異なる小国政画「明治廿四年十月廿八日大地震図」と国利画「岐阜市街大地震之図」の詞書を比較すると, 前者は「于時明治廿四年十月廿八日午前六時過の地震は別て岐阜名古屋大垣地方劇烈なる地震に震動おびたゞしく地裂け家倒れ死人何千人成か数しれず」, 後者が「今明治廿四年十月廿八日暁天午前六時二十分のの地震は別て岐阜名古屋大垣地方は劇烈なる地震にて震動はけしく地さけ家倒れ死人何数人なるをしらべ兼る程にて」というように随所で酷似しており, 一方が他方を模倣, あるいは共通する出典をもつことが推測される.

　なお, 「吾妻岳噴火之図」を描き, また濃尾地震でも複数の錦絵を描いた小国政だが, 彼は明治29 (1896) 年6月15日の明治三陸地震によって発生した大津波においても, 翌七月に「明治丙申三陸大海嘯之実況」(三枚続, 図4.18) や「巌手県青森県宮城県大海嘯画報」(三枚続) といった作品を発表している. 吾妻山, 濃尾地震, そしてこの2図のいずれも版元は福田熊次郎であり, 小国政と福田のコンビによる災害報道錦絵が定着しつつあったことがうかがえる. 無論, そうした動きは, 大災害を積極的にとりあげる当時の新聞報道の在り方と連動したものであることは想像にかたくない.

　こうした噴火や地震, 津波などの自然災害を描く錦絵が出版されている一方

で，災害を素材としながら，報道やある種の「記憶」を担うものというよりは，鑑賞性を重視する作品としての性格をより強く打ち出した錦絵もまた出版されている．それは，西洋絵画の光の効果を積極的に採り入れた風景版画「光線画」で活躍した小林清親が描いた作品群である．

清親は明治9（1876）年から14（1881）年にかけて，この「光線画」と称する様式でもって東京の風景を数多く描き出しているが，その中に西洋建築が建ち並ぶ華やかな都市のにぎわいでもなく，また江戸の面影をひきずる郊外の鄙びた風景でもなく，紅蓮の炎に包まれる大火災の光景や，火災直後の焼け跡風景を描いたものが四点も見出せる．

四点は画面下余白に題名とともに，それぞれの出火日も書かれており，日付の順に並べると「明治十四年一月十六日　両国焼跡」「明治十四年一月廿六日出火浜町より写両国大火」「明治十四年一月廿六日出火　両国大火浅草橋」「明治十四年二月十一日夜火災　久松町にて見る出火」となる．「浜町より写両国大火」「両国大火浅草橋」「久松町にて見る出火」の三図は，東京の市街地から猛烈な火災の炎と煙が立ちのぼるさまを描いている．「浜町より写両国大火」「両国大火浅草橋」の二図は大川を隔てて火災を遠望しているが，「久松町にて見る出火」は至近の距離から家屋や白壁の蔵が真っ赤な炎に包まれるさまをとらえており，逆光の黒いシルエットで描いた近景の群集と劇的なコントラストを作りあげている．1月16日の火災は神田松枝町が火元で，16時間以上も燃えた大火は一万戸以上を灰にしたとされるが，清親はこの火災を写生しようとスケッチ帳を手に家を飛び出し，帰ってきたときには米沢町の自宅は全焼していたとされる．上記3図の迫真性に富む火災の表現は，自宅を犠牲とするほどの画家としての執念の賜物といって過言ではないが，1月16日の大火後の風景を描く「両国焼跡」（図4.19）は，それらとはまったく異なる画趣を醸し出している．黒焦げの街路樹と鉄製の街灯を残して一面の焼け野原となった両国の町に，ふらふらと彷徨うかのような人影を無数に配したその画面からは，大災害に見舞われたあとの消失感が漂っている．自身も被災者であった清親の実感が反映したものであろう．

これら4点は前述のように，彼が明治9年から14年にかけて多数制作した「光線画」様式による東京名所図と同一の形式でもって描き出している．名所絵は風刺画や特定の出来事に取材した錦絵などとは異なり，一時的な時事報道のために

図 **4.19**　「両国焼跡」（国立国会図書館蔵）

出版されることはなく，比較的長い商品生命を期待するものである[11]．これら 4 点の大火図もまた，先進的な光の表現を駆使した観賞性の高い「作品」として世に送り出されたものと考えられ，事実，画面にニスを塗り重ねるという手間をかけて油絵的な質感を出したものも散見される．明治期に災害を描いた錦絵でも，その出版意図には違いがみられたのである．

4.5　おわりに

　河川の増水，火山の噴火，地震や津波，都市の大火災といった災害を描いた錦絵は，明治期に刊行された錦絵の総量の中では，ごくわずかな点数にしか過ぎない．しかしながら，安政の大地震の後に出版された絵画性のきわめて高い一枚刷とあわせて考えると，それ以前の時代にはみられないものであり，出版ジャーナリズムの中でそうした視覚的リアリティの高い災害図というものが一定の市場を獲得していたということはいえるであろう．

　とはいえ，錦絵をはじめとするそうした木版摺刷による画像は，西欧から流入する新しい印刷技術が普及する中で，次第に衰退の方向へと歩んでいった．よくいわれることだが，明治 37（1904）年から翌年にかけての日露戦争を描く戦争絵

あたりを境に，出版点数は急速に減少していった．幕末・明治の錦絵が報道的な性格を強くし，かつほぼ一貫してリアリズムの追究を志向していた以上，速報性とリアリティのいずれの面でも伝統的な木版技術を凌駕する写真技術や銅版画，あるいは機械印刷などの先進技術にとってかわられるのは宿命であったといえる．

　ただ，近年新たに指摘された現象として，絵双紙屋の店頭から錦絵を駆逐するのに大きな役割を果たしたものが，日露戦争の後にブームとなった絵葉書であったということである[12]．明治 33（1900）年に私製葉書の使用が認められ，絵葉書の収集が大きな流行となり，売れ筋商品として町中の絵双紙屋も商品の仕入れを大きく変えていったのである．

　絵葉書といえば，今日では美しい観光地の風景を写したものか，美術館の売店で販売している名画の複製といったイメージが強いが，戦前に印刷・販売された絵葉書の主題は今よりもはるかに多様である．私製葉書認可後の主題としては風景や美人が多いが，日露戦争時には戦場を写したものが大流行するなど，大きな出来事を報道，あるいは記念するようなものも盛んに作られている．そうした中に，関東大震災の被災の光景を写したものが多数あることは周知の事実である．瓦礫の山となった市街地を写した絵葉書は，今日的な感覚からすると違和感があるが，幕末から明治にかけての錦絵の中で災害表象が一定の居場所を獲得していたこと，そしてその絵葉書が錦絵の後継媒体でもあったことが，震災の惨状をテーマとした絵葉書が多量の製作・販売される理由の一つと考えることもできるだろう．

注

1) たとえば，鯰絵以外で，安政江戸地震の後に出された刷物類について言及した主なものとして以下の諸書があげられる．①東京大学総合研究博物館（1999）ニュースの誕生―かわら版と新聞錦絵の情報世界―，東京大学出版会，②北原糸子（2000）地震の社会史―安政大地震と民衆―，講談社，③北原糸子（2003）近世災害情報論，塙書房，④富澤達三（2005）幕末の時事的錦絵とかわら版　錦絵のちから，文生書院．
2) 肉筆画の地震絵巻の絵画表現に関しては，植野かおり（2013）地震絵巻に見る時空間表現と視覚効果―「江戸大地震之図」と「安政大地震災禍図巻」の比較―（東京大学史科編纂所研究記要 23 号）に詳しい．

3) 瓦版のような一枚刷の大半は墨摺であるが，一部には出火部分に朱や赤などを摺り加えているものもある．しかしながら，岩崎均史によれば，その多くは錦絵のよう見当を用いて色版を精密に重ね摺るものではなく，型紙を用いるより簡易な合羽摺のものがほとんどであるという．岩崎均史「かわら版の諸相」（東京大学総合博物館（1999）所収）．

4) 『安政見聞誌』に関しては，主に以下の文献を参照した．①吉原健一郎（1978）江戸の情報屋　幕末庶民史の側面，日本放送出版協会，②北原糸子（2003）近世災害情報論，塙書房，③ Stephan Kohn（2003）『安政見聞誌』再考—安政大地震にかんする情報の再商品化をめぐって．国語国文 825 号，京都大学文学部国語学国文学研究室．

5) 鈴木重三（1989）読本の挿絵．曲亭馬琴〈図説日本の古典 19〉，集英社，大久保純一（1984）江戸後期挿絵本に見る連続図様について．美術史論叢 1 号，東京大学美術史研究室，など．

6) 貞秀の画業の展開については，おもに横田洋一「横浜浮世絵と空とぶ絵師五雲亭貞秀」（特別展「横浜浮世絵と空とぶ絵師五雲亭貞秀」，神奈川県立歴史博物館，平成九年）に拠った．

7) たとえば，「新板浮絵深川八幡宮之図」（横大判，川口屋宇兵衛版）では，かなり正確な二点透視法で富ヶ岡八幡宮の参道がとらえられている．

8) 大久保純一（2007）《名所江戸百景考》—大都市江戸の伝統へのまなざし．広重と浮世絵風景画—，東京大学出版会．

9) 北原糸子（2000）地震の社会史—安政大地震と民衆—，講談社．

10) 川延安直（2004）吾妻岳噴火之図．文化福島 6 月号表紙解説．

11) ジャンルごとの錦絵の販売（摺刷）期間の違いについては，拙稿（2013）名所絵の流通．浮世絵出版論—大量生産・流通した〈美術〉—，吉川弘文館を参照されたい．

12) 鈴木俊幸（1996）絵草紙屋追懐．江戸文学，15，ぺりかん社．

第5章 明治初年の治水と技術官僚
—静岡藩水利路程掛を中心に—

樋 口 雄 彦

　災害をめぐる人と社会を考える際，被害の実態，被災者の対応，復興への過程，防災への取り組みなどを一般住民の立場から明らかにする必要があるのはいうまでもない．一方で，彼らを守り被害から立ち直らせる役割を担った為政者・行政についてみてゆくことも重要である．

　巨大な災害発生時には為政者とその下僚たちは上から下までほぼ全員がその緊急対応に当たることになるが，小さな災害，あるいは平時の日常の中で行なわれる防災・減災への取り組みは，特定の部署に属する特定の吏僚が担当している．それは前近代も近代以降も同じであろう．もちろん高度に複雑化・細分化した現代の行政組織とそうではなかった前近代や近代の行政組織とでは大きな違いがある．その長い発展と変化の歴史をたどることも災害史・防災史の一つのテーマとなろうが，ここで光を当てるのは近代化の出発点である．

　本章では，水害を防ぐための施策，すなわち治水を担当した技術者・官吏たちについて，その近世から近代への変化の状況を見極める．具体的には，治水行政担当者の，江戸幕府から明治政府への人的な継承・断絶の様相を，静岡藩という中継点を通して明らかにする．

5.1　江戸幕府の普請役

　幕府，ひいては領主全般にとってもいえることではあるが，年貢を確保するためには農民の生産活動が故障なく行なわれることを保証する必要があった．水害を防止し農地や宅地を守り，また被害が生じてしまった際には復旧・復興を行なうのは一義的には農民自身の責務とされつつ，それを指導・支援する役割は為政者側にもあった．この点は，江戸時代に限らず，それ以前も同様だったと思われ

る．しかし，治水やその周辺業務を専門に担当する官吏を常置し，領民に対して
より細かな行政指導を行なったのは，それ以前の時代にはあまりみられなかった
ことであろう．

　江戸幕府の機構上，財政をつかさどり，幕領の貢租徴収や訴訟を担当したのが
勘定所であり，その長官が勘定奉行だった．治水も含め農政全般はその管轄下に
あった．土木官僚・土木技術者ともいうべき存在は，勘定所の中では最下部に位
置した普請役という役人である．名目上家督相続を許されない，抱席という家格
の下層の御家人であった．

　普請役は，関東の4川（鬼怒川・小貝川・下利根川・江戸川）を管理するため
元禄年間（1688〜1703）に設置された堤方役を起源とし，享保年間にその名称と
なった．その後，勘定所詰普請役，四川用水方普請役（関東4川の担当），在方
普請役（東海道筋の酒匂川・富士川・安倍川・大井川・天竜川の担当）の3分課
に区分され，維新に至った[1]．

　安政6（1859）年時点で，勘定所詰は支配勘定格普請役元〆が1名，普請役が
33名，同見習が18名，四川用水方は普請役元〆が1名，同元〆格が1名，普請
役が34名，同見習が23名，在方は普請役が29名，同見習が16名という内訳で
あった[2]．150名余の大所帯であったが，あちこちの現場を飛び回らなければなら
ない仕事内容からすれば，普請役の人数は決して多すぎるものではなかった．

　全国政権たる幕府には，江戸・東国を主な守備範囲とした普請役以外にも，西
国の幕領などにおいて治水を担当する吏僚がおかれていた．

　摂津国・河内国には，堤奉行（大坂代官の兼任）がおかれ，また川奉行（大坂
奉行所の与力がつとめ，その下役は同心がつとめる）という役職も存在した[3]．

　濃尾平野を潤す一方，氾濫を繰り返した木曽三川を治めることは個々の大名の
統治を超えた国家的事業として位置づけられた．美濃国の旗本・交代寄合高木家
は，川通掛（水行奉行）を世襲でつとめたが[4]，それも幕府による治水政策の一
環であった．また，勘定奉行配下の「諸国地役人衆」の中には，美濃御郡代（笠
松陣屋）支配として堤方役が配置された．慶応4（1868）年正月刊行の『県令集
覧』によれば，30俵3人扶持を給された14名がいた．地役人である彼らは，在
地の庶民から取り立てられ，世襲でその職務をつとめ，それだけに専門能力に長
けた人びとだった．堤方役は美濃流と称する治水工法の担い手であり，数年で交

代していく郡代・手代らに対し，地位は低く抑えられつつも高いプライドをもっていたらしい[5]．

ところで，著名なところでは，探検家・農政家として活躍した最上徳内・間宮林蔵・二宮尊徳（金次郎）らも普請役だった．蛮社の獄に連座したため隠居して医師となり，高島流砲術家として活躍した大塚同庵ももとは普請役であった[6]．後述する普請役佐藤睦三郎（嘉長）は，治水の専門家としてのみならず，ペリー来航後の嘉永7（1854）年には老中阿部正弘の内命により長崎へ派遣され，韮山代官江川坦庵の配下や同行した職人たちとともにオランダ人のもとに出入りし，蒸気船製造に関する調査・学習に従事した[7]．また，嘉永・安政期，ペリーやプチャーチンが来航した際など，応接した幕府側役人の中には普請役がしばしばみられるほか[8]，その後幕府が欧米に派遣した遣外使節の中にも必ず普請役が加えられた．外交の場に立ち会うという，土木技術分野とは直接関係のない業務も彼らは担当していたのである．さまざまな情報収集，すなわち隠密活動や内部監察も普請役の任務だった．

普請役をつとめた家に伝わった文書からその業務の実態を分析した研究によれば，普請役は，本務とした河川・用水関係だけでなく，「普請（＝土木）に関わらない経済官僚としての働きもまた普請役には期待されていた」「次第に勘定奉行所の下役人として，同奉行所が担うさまざまな業務を担当するようになっていった」「それぞれの普請役が歩んできた経歴に基き，彼らの技術や経験を重視して御用を仰せ付けないと，複雑で専門性に富んだ勘定奉行所の御用は処理しきれなかったから」「普請役の御用は職名を超えたものとな」っていったとされる[9]．多彩な人材の輩出は，普請役が取り扱う業務の多様性を示している．

しかしここでは，職務の拡大という点ではなく，本務における専門性がはたしてどの程度のものだったのかということに注目したい．普請役を「今日いうところの土木技師」「当時の日本で最高の土木技術者」[10] であったとする見方がある．「設計はもとより，工事監督，賃金の支払いなどの事務処理まで一切の権限が与えられており，絶対的存在であった」[11] との説明のし方もなされる．一方，「普請役は，府内役宅，橋梁の営造，代官所の営築等を勘検し，四川の修水，領内灌漑用水の事を査察す」[12] と説明されているように，「勘検」「査察」が仕事であったとされ，「幕府中央の普請役は，土木普請の見積もりのチェックや監督者，完工検

査者であって制度化された技術を忠実に実施させる立場にあり，技術の改良の担い手という意識は少なかった」「川除技術の実質的な担い手は，村の有力農民層であり，技術の蓄積と川除仕方の改良の実質的担い手もこの層にあった」[13] という評価につながる．つまり，自らが設計・施工を行なうというよりも，農民によるそれを管理・監督したということであろう．

幕府代官の手代をつとめ後に普請役に取り立てられた宮内公美[14] は，「水防は，時々水害を請けた所の功者なものが上手であります．官員などには容易に差図はできぬものです」「官員・警官などは，人足の働かぬことを警める位にて，差図などはできぬ事と思えます」[15] と経験談を語っており，自分たち官吏よりも地元農民の中の巧者のほうがよほど治水技術を心得ていたという証言になっている．土木治水技術は「支配層の手許でのみ発達し，また保持されてきたものではなかった」のであり，むしろ「村々の「地方巧者」たちによって生み出され，駆使されていた面が大きい」[16] ともいえるのである．

常陸国の農民の子であった間宮林蔵は，少年時代，郷里で行なわれていた堰の修築について卓抜した意見を述べたことで工事を担当していた幕府普請役を驚かせ，江戸へ出るきっかけをつかんだのだという[17]．このエピソードは，普請役が農民よりも劣っていたことを示しているのか，それとも林蔵の非凡な才能を見抜く力をもっていたことを示すのか，どちらとも言い切れない．

はたして普請役は技術者としての実力を有していたのだろうか．たぶん，多くは算盤＝会計・計算には強かったであろうが，全員が治水の理論や技術，つまり今日いうところの河川工学を学んだ技術者であったとは言い切れない．普請役には技術者的性格をもった者とそうではない者とが混在していたと推測される．

なお，本来士分ではなかった代官配下の手代たちが直参に取り立てられる際，必ず「御普請役格」という格が与えられているのは[18]，普請役という地位が，庶民が武士へと身分を引き上げられる最初の段階として位置づけられていたことを意味しており，その職務内容からしても士庶の間の接点にあったことをうかがわせる．普請役には，武士的性格が強い世襲の家出身者，農民的性格が強い新規取り立ての者など，異なるタイプが混在していたと考えられ，それが単なる事務官か技術者かの違いに反映していたとも考えられる．

普請役のうち一部の者が技術者としての内実を確実に有したことを示す例には

以下のものがある.

天保期に遠江国の仿僧川の治水工事を行なった犬塚祐一郎という普請役は,「農業土木に付いては,天稟の才能を持った技術者」であり,「従来の築堤に依る一方的な治水方式を改めて,新規に排,分水に重点を置いた工事を施す事が,最も効果的であると英断した」[19] とされ,自ら治水技術を駆使したという人物像が伝承されている.

1870（明治 3）年に起草された「治大井水成功記」という大井川治水記念の文章草稿には,「惣五郎亦武蔵人曽学治水於佐藤睦三郎」[20] と,静岡藩水利路程掛郡方並内田惣五郎が佐藤睦三郎に治水を学んだとの記述がある.佐藤は先述のとおり幕府普請役をつとめた人物であり,治水技術が先輩から後輩へと伝授されたことを示している.この点からも,彼らが単なる事務官ではなく,技術者であったことは間違いないだろう.

彼らが学び伝えた具体的な技術を文字で書き表したものとしては,幕府普請役から維新後は明治政府の土木官僚になった高津儀一（儀一郎）が,「旧幕府ヨリ伝リタル土木普請方ノ大概」を前提に,新たに取り入れられた「和蘭工法」を加味して編纂・解説した『土木工要録』(1881 年,内務省土木局) がある[21].高津本人が,自ら技術書をまとめる力量を有した技術者であったことを示している.

高津儀一の旧幕時代の履歴書[22] には,祖父は御普請役,父は御普請役元〆だったこと,本人は天保 8（1837）年に見習を拝命して以来普請役をつとめたことなどが記されており,父祖代々の普請役であったことが判明する.各年次に刊行された幕府勘定所の職員名簿たる『会計便覧』をみると,そこに掲載された普請役たちには同姓の者が目立ち,世襲で職務を継続する例が少なくなかったことが推測される.技術を教える専門の学校も存在しない当時,親子あるいは同僚,先輩・後輩間で教育が行なわれることが通常であり,治水に関する知識・技能も世襲されていったのである.

維新後,明治新政府は幕府に代わる新たな全国政権として独自の治水行政を展開していく.政府の機構上では,会計官治河使(1868 年 10 月,1869 年 7 月廃止) → 民部官土木司（1869 年 6 月）→ 民部省土木司（7 月）→ 工部省土木司（1871 年 7 月）→ 工部省土木寮（8 月）→ 大蔵省土木寮（10 月）→ 内務省土木寮（1874 年 1 月）→ 内務省土木局（1877 年 1 月）といった具合に治水担当の部局はめま

ぐるしく変わっていった[23]．

　しかし，トップは別にして，そこに属した下僚たちの中には旧幕臣が多く残存していた．水害は待ったなしであり，政権交代による行政の中断は許されなかった．また，地域・民衆に密着して行政を遂行していた末端の吏僚たち全員の首をすげ替えることなど，不可能だったからでもある．むしろ混乱期においても人的連続性が上手く機能し，最低限の民政機能が維持されたといえる．

　幕府の普請役だった井上廉は，慶応4（1868）年6月，新政府の民政裁判所（後に鎮将府）の会計局に属し，10月に会計官筆生とされるまで，旧来の普請役という役名のまま勤続した[24]．

　同様の事例は多数存在したはずである．たとえば，先に登場した高津儀一は，早くも慶応4（1868）年8月には新政府の民政裁判所の官吏として，旧主である徳川家達（駿河府中藩）に対し富士川・安倍川・大井川の国役普請を認可する役割を果たしている[25]．彼は幕府普請役から新政府の土木司権判事に転身し，その後も土木寮権大属，土木局五等属を歴任，維新をはさんで土木官僚であり続けたのである．

　東京や関東だけではない．大坂奉行所の川方や御普請方の経験者が，維新後，新政府の大阪裁判所・川方掛や大阪府・営繕方に配置されるなど，前職との継続性がみられた[26]．

　逆に幕府から明治新政府への横すべり的な継続雇用が認められなかった例もある．先述した美濃郡代支配の堤方役の場合，1868年12月「旧幕府郡代抱堤方十二人之者とも，御一新之折柄被相廃為御救助三人扶持ツ、被下之　但居屋敷之分は，為御用被召上候事　辰十二月」という処置がとられ，その役務は廃止され，3人扶持だけは支給されたものの，住んでいた屋敷も召し上げられ，農商の籍に編入された．もっとも，一部の者は営繕方・筆生などとして笠松県の官員に採用されている[27]．

　ただし，旧幕臣出身で明治政府に出仕した治水担当下僚たちは，行政機構の整備や近代的な土木技術の導入に伴い，やがて淘汰されていく運命にあった．「明治に移転された西欧技術のなかでも土木技術は，在来技術とのあいだの差はもっとも少ないものだった」[28]とはいえ，多くの場合，彼らがそのまま長く仕事を続けていくのは無理だった．維新直後における再雇用は過渡的，臨時的なものにと

どまったといえよう.

5.2 静岡藩の水利路程掛

　維新後の旧幕府治水担当官吏たちの受け皿は，明治新政府だけではなかった．旧主徳川家に従って駿河に移住し，静岡藩士となった者たちの存在である．駿河国一円と遠江国・三河国の一部で70万石を与えられ成立した新生徳川家（駿河府中藩・静岡藩）にとって，領内を流れる富士川・安倍川・大井川・天竜川の4大河川の治水は大きな負担となった．1868（明治元）年，広大な直轄領を失った上，藩体制がいまだ確立されない段階で，駿河府中藩は新政府に対し，一国一領の場合は除外されるべき国役普請の適用を特例として求めた．その願いは一旦認可されたものの，翌年には取り消され，独力で治水事業を進めざるをえなくなった[29]．そこで即戦力として役立つことになったのが，普請役をはじめとする，幕府時代勘定所において民政を担当した吏僚たちである．

　成立当初の駿河府中藩の役人名簿である「駿府御役人附」や「御役名鑑」（1869年正月木版で発行）によれば，旧幕府の勘定奉行や勘定所組織の後身と考えられる御勘定頭（2名），郡奉行（1名），御勘定頭並（1名）を上位に，その下部には郡方公事掛がおかれ，御勘定組頭（1名），御勘定（3名），同下役（2名），同下役並（3名）がおり，さらに藩内を分担し管轄する地方役が駿河領では15カ所に各1名，それぞれの配下として添役・下役らが45名ほど配置されていた．領地受け取りが遅れた遠江・三河領でも，1869（明治2）年正月頃には23カ所に地方役が配置されたと思われる[30]．

　そして1869（明治2）年2月になると，その中から水利路程掛という治水専門の担当部局が独立するのである．目付川上綏之（服次郎），運送方頭取佐々倉桐太郎・福岡久，新番組頭並松岡万，陸軍方高山湧之助（葛山惺輔の誤りか）・赤松則良の6名が水利路程掛に任命されたのは2月5日，「当春御普請見聞目論見」を目的に領内4大河川への出張のため駿府を発ったのが6日だった[31]．

　1870（明治3）年11月頃には「水利 郡 方御役所」といった呼称が地方文書に記されるようになり，掛の名称が水利郡方掛に変わったようである．藩内各地の民政全般を扱った郡政掛（郡政役所）は，同年閏10月郡方掛（郡方役所）と改称

しているので，それと密接な関係にあった水利路程掛も改称したと思われる．ちなみに，作製され使用された公印は，当初から廃藩に至るまで「静岡水利路程局証章」が使用され続けた．

そもそも，静岡藩の組織上，郡政掛と水利路程掛は同格の別部局であったが，そこに勤務する職員は郡方・郡方並・筆生という同じ名称を使用した．郡政掛の下に置かれた宿駅掛も職名は共通であり，そもそもこの3掛は同一の民政担当部門から派生したためではないかと思われる．

さて，水利路程掛の職員のうち，判明している限りを一覧にしたものが章末の表5.1である．前歴欄を見るとわかるが，決して普請役をはじめとする勘定所の出身者ばかりから構成されたわけではなかった．前歴不明の者が少なくないが，『会計便覧』に名前が載っている旧幕府普請役の人名からは，それほど多くを拾えない．彼らは，従来からの職務を継続する関係で，駿河移住を選択せず新政府への出仕を選んだのかもしれない．

特に注目されるのは，幹部である権少参事に佐々倉桐太郎・福岡久ら，幕府海軍の元士官たちが名前を連ねている点である．当時は陸軍方として沼津兵学校一等教授になっていた赤松則良も海軍出身者である．また，精鋭隊の頭をつとめた剣客松岡万のごとく，一風変わった経歴の持ち主もいた．順当な人事というべき，勘定方出身の幹部は根立蘆水が唯一だった[32]．

水利路程掛は，当初の藩機構の中では御勘定や地方役とその配下などから選抜された者，その他の部局からの転任者・兼任者などから成っていたようだ．生粋の治水関係官吏・技術者が乏しくなってしまった静岡藩では，各分野から人材を寄せ集め，幕府時代の勘定所や普請役に代わる機能を維持しようとしたのであろう．

ただし，水利路程掛はその場しのぎのにわか組織，単なる寄り合い所帯にとどまるものではなく，変革期にふさわしい高い理想をめざした形跡がある．それがあらわれているのが，先にも触れた幹部の海軍出身者たちである．佐々倉・福岡・赤松はみな長崎海軍伝習所に学んだ前歴を有し，オランダの海軍軍人を通じ近代的な科学技術をいち早く身につけた存在であった．数学をはじめ科学技術に基礎を置いた軍事は，治水などの民政の技術とは決してかけ離れたものではなかった．洋学者ともいってよい彼らが，静岡藩において治水行政を担当したことの

意義とその後の影響に関しては後述する.

　どう考えても土木技術とは縁遠い，尊王攘夷の志士であり剣客であった松岡万が水利路程掛の幹部となっている点は不思議だが，彼が期待されたのは，農民との交渉や地域間の利害対立の調整，紛争解決などの実行力だったらしい．現代でも公共工事に伴う土地買収や移転交渉などにおいて公務員が発揮する交渉能力は，技術者のそれとはまったく違うものであるが，松岡の役割はそれに近かった．そのため，その工事が成功した場合や住民の利益に沿う結果が出た際には，地域の恩人として感謝され，崇拝の対象とされるに至った[33]．

　ところで，水利路程掛という名称である．治水を担当する部署として，水利はわかるが，路程とは何なのか．辞書の説明では文字通り，「路程」とはみちのり，行程，旅程，道，道路のことである．そうなると，水利路程掛は，水利行政に加え交通行政をもその任務としたのだろうか．その答えは否である．なぜなら，静岡藩には陸上交通の担当部署として宿駅掛があったし，海上交通というよりも船舶を使用した運輸業務に関しては航運方があったからである．

　1869（明治 2）年 2 月の明治天皇再幸の際，「瀬戸川仮橋之儀，中老衆へ相伺候処，右者水利路程掛へ申談ニ不及，田中奉行ニ而総而取扱候様被申聞候事」[34] という布達が出されており，橋梁の建設について水利路程掛は関与しなかったことがわかる．1871（明治 4）年 3 月に島田郡方役所が布達した大井川通船筏規則には，船や筏が「御普請所」を破損した際には，乗組員を留置し，船主や荷主を糾問し，「水利御役所」の検分を受け，その指示により賠償金を支払うことが盛り込まれている[35]．つまり，水利路程掛（水利郡方掛）はあくまで堤防工事箇所を管轄しているだけであり，大井川の水上交通の取り締まりについては島田郡方役所の権限だったのである．

　以下に掲げる史料も同様である．

　　水利路程掛衆　　　　　　　　　　開墾方之頭
　　其御持場内大井川筋江開墾方炭薪其外為運送川船弐艘別紙雛形之通船印相立
　　通行為致度御差支之儀等無之哉此段及御掛合候否早々御申聞有之候様致度候
　　　　庚午十二月[36]

すなわち，開墾方之頭が，薪炭運送のための川船を運行させることについて，大井川筋に「御持場」，つまり工事現場をもつ水利路程掛に対し，普請に対する差し支えの有無を問い合わせたものであり，あくまで運送そのものについての許諾を求めたものではなかった．

　しかし道路工事に関する史料は皆無ではない．1869（明治2）年3月には権少参事・水利路程掛佐々倉桐太郎・川上絢之らが宇津谷峠の崩落現場を見分したり，復旧に関与したという事実がある[37]．また，三河国渥美郡大岩村・二川宿の普請関係文書の中に，東海道往還の置砂利について記したものがのこされている（豊橋市二川宿本陣資料館保管・1869年10月「往還置砂利御普請出来形書上帳」，同年同月「土橋并荒道御普請書上帳」）．宛名は単に「郡方御役人中様」となっているものの，名前が記された浜中義郎・磯山左右橋という役人は水利郡方掛の藩士であり，また「□政□利□程□章」という割印が押されていることからも，間違いなく同掛が担当した仕事だったことを示している．さらに，1871（明治4）年4月提出，12月確認の三河国渥美郡江比間村の「往還道造普請出来形帳」も「水利郡方御役人中様」宛てに提出されたものである[38]．「路程」を単に道路のことであると解釈すれば，その業務には道路工事が含まれていたのである．

　水利路程掛は道路工事を守備範囲としつつも，交通・運輸行政とは無関係であることがわかったが，実はそれ以上にわかりにくいのは郡政掛（郡方掛）との役割分担である．地元農民と移住士族との間で争議が惹起された池の埋め立てを伴う開墾事件について記された文書には，「新田開墾抔〔之儀〕ハ水利路程之御役筋〔ニ〕て被成候事ニて郡政ニ而は懸り違之事ゆへ」[39]とある．すなわち，新田開発に関する業務は，郡政掛ではなく水利路程掛に属するというのである．逆ではないかと疑いたくなるが，用水・灌漑工事を伴う新田開発は，水利路程掛が担当したものと理解したい．

　なお，1871年に浜松で藩士井上八郎（延陵）が通船のための堀留運河開削を計画した一件について記された文献には，「（前略）藩庁果して命あり曰く速に出庁せよと（中略）井上氏今回の疎水工事未た上裁を経す恣まゝに独断の挙に出つ（中略）凡そ地理に変を生するあれは是を理するは水利課に於てす是れ此の職の設けある所以なり（後略）」[40]と記されている．「水利課」すなわち水利郡方掛は地理に変更を加えることについて管轄する部局であると説明されており，これについ

ては納得できる.

　工事の可否についての窓口は郡政（郡方）掛，認可された工事の実施について
は水利路程掛（水利郡方掛）という分担だったと考えたいところである．しかし，
両者の業務分担が不明確な点は，普請関係の文書にもあらわれている．農民の側
から提出された用水や堤防に関する嘆願，普請出来形帳，仕様帳などには，郡政
役所（郡方役所）宛てのものが水利路程掛（水利郡方掛）宛てのものと混在して
みられるのである．それは，藩体制発足まもない 1869（明治 2）年段階のみなら
ず，1870（明治 3）年になっても同様である[41]．分業を理解していなかった領民
の側の混乱を示しているのか，それとも双方にまたがるものとしてあえて二つの
掛への提出を求められたのか．理解に苦しむところであるが，民政・農政全般と
治水行政とは切り離せない側面が大きく，文書の作成・残存状況にもそれが反映
されたものと推測する．1871（明治 4）年 7 月，渇水対策として富士郡今井村（現
富士市）で計画された用水路築造の際，最初に沼津郡方役所で「添え簡」をもら
ってから，松岡村舟場におかれていた「水利御掛り御役所」に願書とともにそれ
を提出したという手続きをとっていることから[42]，この場合，明らかに二つの掛
が関係していた．

　1869 年 5 月に中泉奉行所が発した布達[43] は，小規模河川の場合，「小破」のと
きは村方による自普請とし，「大破」のときは水利路程掛と相談の上，見分を願い
出るようにとの趣旨であり，それを奉行所（郡政役所の前身）が通達していると
いう点から，水利路程掛が関与するほどではない規模の小さな普請は奉行所が管
轄するという意味にも解釈できる．つまり，工事の大小によっての業務区分であ
る．

　一方，1870 年 8 月 23 日付沼津郡政役所布達[44]と同年 8 月の中泉郡政役所布達[45]
は，来年春の定式御普請を希望する村は箇所附帳を 9 月 15 日までに提出せよとの
内容であるが，提出先は，沼津最寄りの村々は沼津郡政役所，富士川通りの村々
は松岡村水利出張役所，中泉最寄りの村々の場合は中泉郡政役所，天竜川通の中
野町村水利出張役所の最寄り村々の場合は同役所であると指定しており，郡政役
所と水利郡方役所の分担は，規模の大小や業務内容によるものでなく，地域によ
る区分となっている．4 大河川の近くなどの水利路程（郡方）掛やその出張所が
置かれた地区と，そうでない地区との違いと考えれば，旧幕時代，幕府領の治水

は勘定奉行・勘定吟味役の監督下，普請役の管轄と郡代・代官の管轄とに分けられていたというので，静岡藩でもその二分法を踏襲し，水利路程掛の管轄と各所郡政役所の管轄とに二分していた可能性がある．

5.3　水利路程掛の活動

　領民が自ら行なう自普請は別にして，領主による「御普請」，すなわち毎年2回，春と秋に実施される「定式御普請」，それ以外の緊急対応としての「急場（破）御普請」が実施されたのは，近世の治水工事の在り方と変わらない．そのため，村々で作成され名主の家などに残された地方文書は，春・秋の定式御普請の目論見帳，出来形帳，箇所附帳，仕様帳，諸色入用書上帳といった，工事を進める中で必須とされた一連の書類，あるいはその都度の必要性から作成・提出された願書や請書などである．特に工事完了報告書ともいうべき出来形帳が多く残存しており，その末尾に検査官としての水利路程掛職員の氏名が列記・押印されるという書式は，旧幕時代の普請役のそれと変わらない．書類そのものに関しても，旧幕時代のもの，さらには廃藩後のものと一綴りにして保存されている例もある．河川の堤防以外には，用水路，潮除土手，湊，橋，洲浚などに関わるものもある．先述したとおり，数少ない例では往還の置砂利もあった．維持管理や廻村のこと，用水をめぐる紛争に関するものなど，工事には直接関係しない内容の文書もある．

　各地の博物館・図書館所蔵の現物や自治体史やその編纂過程で作成された資料目録などに基づき，静岡藩水利路程掛に関わる地方文書の所在調査を実施した結果，227 点の存在を確認することができたが，その年次別内訳は，1868（明治元）年が1点，1869（明治2）年が36点，1870（明治3）年が83点，1871（明治4）年が90点，1872（明治5）年が6点，1873（明治6）年が2点，年不明が4点である．月ごとでは1871年12月の文書が32点と非常に多いが，廃藩直後のその時期，あえて工事を集中的に実施したのであろうか．1870年8月も14点と一つのピークをなしているが，これは同年7月18日の暴風雨による被害を受けての「急破御普請」の増加によるものである．

　工事関係の書類に記されている内容からは，蛇籠，志戸簀，大聖牛，中聖，沈

枠，籠粂，杭出，牛枠，杭籬，笈牛，大川倉牛といった工作物を使用した治水工法が見て取れる．いずれもその材料は，石，木，竹，縄などであり，近世のそれとまったく変わらない．機械の使用はもちろん，材料にコンクリートや鋼材が使用されるようになるのは，まだはるか後年のことである．近世の治水技術は，享保期（1716〜1736年）にまとめられた定法書によって完成されたものの，法令や財政による制約下，技術面での発達はほとんどみられなかったというが[46]，その状況は幕末・維新期にも続いていたのである．

　当然ながら，広い領内に多数の普請場所を抱えているため，水利路程掛の職員たちは分担し，それぞれの担当地へ出張して業務を行なった．たとえば，天竜川通ならびに内郷での1870年春の普請では，「惣掛リ」が権少参事根立蘆水と郡方改役小池於喜三郎，天竜川通掛リとして，中野町最寄が高山良平・小林録郎，掛塚最寄が林鐸三郎，中瀬最寄が金井禎次郎，駒場最寄が枝川昌三，掛下最寄が佐々木源次，「内郷掛リ」として，遠三掛りが浜中義郎，遠駿掛りが内田惣五郎・神谷恒次郎・伊藤吉五郎・喜多川市太郎・渡辺兼太郎といった具合に割り当てが定められた[47]．「惣掛リ」は総責任者のことであろう．中野町・掛塚等は天竜川沿いの要地であり，内郷とは川附村（川に隣接する村々）ではない村々のことである．「遠三掛り」「遠駿掛り」は，遠江だけでなく，三河・駿河と兼任だったことを表しているのであろう．内郷については，静岡藩の1869年分の治水費をとりまとめた書類において費目が，「四大川堤川除用悪水樋類」「四大川村々并自普請共」「内郷小川堤川除并用悪水樋類其外」という3種になっていることから[48]，4大河川に直接関わるものではない，それ以外の中小河川の対象範囲を意味していることが裏づけられる．

　地方文書の宛先には，単に水利路程御役所（水利郡政御役所・水利郡方御役所）と記したもの以外に，静岡・島田・中野（之・ノ）町・松岡村といった地名を冠した場合もある．いずれも4大河川を睨む要地であった．本庁がおかれた静岡は別にして，その他の地名は臨時に設けられた出張役所を意味しているのだろう．実際には滞在先の名主宅や，郡政（郡方）役所などの藩の出先機関に間借りしていたと考えられる．

　危急のときには，現場で水防の指揮をとるのも水利路程掛の任務であった．1869年7月の大雨による安倍川の増水では，手付らは堤通に詰め切り，危険箇所

に対する指図を行なうと村々に指令を出している[49].

　治水事業は，為政者だけで行なえるものではなく，領民の参加・協力が欠かせなかった．遠江国榛原郡 55 か村の村高と水防勤高・助郷高を書き上げた「水縁村々親高水防高助郷高取調書上帳」[50] は，1870 年 3 月に作成され水利郡政役所に提出されたものであるが，領民がどこまでの負担に耐えられるか否か，大井川治水のための負担と島田宿・藤枝宿の助郷のそれとを勘案するためのデータだったのであろう．

　また，そのため治水行政の一部を領民の中から採用した者に肩代わりさせる必要もあった．名主たちを堤防重立取扱，水防重立取扱といった役職へ任命したのであり，「其身一代苗字御免」の特権を与え，彼らの名誉意識と責任感に訴えた施策であった．1869 年 7 月，安倍川筋の堤防重立取扱に任じられた弥勒町名主宮崎総五（五郎左衛門）の場合は，「水利路程掛附属」「御蔵番格」「其身一代帯刀御免」という格式や特権を付与された[51]．宮崎の略伝には，「元治元年甲子里正に挙けられ安倍川沿村川越助郷及ひ堤防修築水難予防の事務を総括して（中略）藩庁君を以て水利路程係と為し専ら治水に従事せしめ士格に擢んす」とあり，旧幕時代の実績をふまえ静岡藩でも彼を治水担当として抜擢したことがわかる[52]．

　宮崎と同じく地域名望家層の履歴には同様の記述が散見される．たとえば金原明善については以下のとおりである．

　　（前略）明治元年八月会計官権判事岡本氏天龍川に出張するや君堤防御用係を命せらる（中略）四年五月藩庁天龍川改修の事を行ふや君金を献して其費を補ふ藩庁之を賞するに名字帯刀を其子に伝ふるを許るし旦物を賜ふ又水利郡方掛附属各村堤防重立取扱御蔵番格を命せらる五年正月浜松県君に堤防方附属を命す（後略）[53]

金原明善は，むしろ自ら積極的に藩にはたらきかけた存在であり，生涯をかけて天竜川治水事業に取り組んだ功労者として知られる．すでに徳川家の移封以前に明治新政府に堤防工事を嘆願し，惣御場所見廻下附を命じられてもいた．郷土の偉人たる金原伝の中で，静岡藩水利路程掛はその前後から続く彼の長い活躍の過程においてはほんの一瞬に登場するだけである．金原が藩に対し1000両の普請費

用を献金し，突出した存在感を示したことは，村民全体の合意を前提とはしな
い，その後に本格化する「有志」主導の治水事業への第一歩であったとされる[54]．
しかし，藩側からみれば，金原のような領民の中の「有志」の力を上手く取り込
むことで治水という難題に対応しようとしたといえるのである．水利路程掛の幹
部福岡久は「明善の抱く治水計画を諮問させた」[55] といい，財力のみならず民間
の知恵を借りようとした姿勢がうかがえる．

　治水・利水技術における近世と近代との顕著な相違は，その担い手の違いにあ
り，近世には住民が保持していた技術が，近代になると住民の手を離れ，行政に
よって独占されるようになってしまったとされるが[56]，宮崎・金原らの存在は，
静岡藩の段階ではまだ依然として住民の技術力とその役割が大きかったことを意
味してもいる．

　ただし，民間の構想と藩側の政策意図とを一致させ，実際に施策を進めるには
時間切れであった．村々に基盤を置いた近世以来の水防組合や用水組合がほぼそ
のまま存続していた一方，金原明善を典型例とする有志のみを結集するという結
社方式による新たな取り組みも，まだ始まったばかりであった[57]．水利路程掛の
治水事業，ひいては静岡藩の民政は全面展開することなく，未発に終わったとい
える．強大な財政基盤も，高度な技術力にも欠けており，公共性を最大限に打ち
出し大規模に治水を押し進めるべき行政機関として藩はあまりにも非力であっ
た．為政者が担う「治水」と，地域や個人が行なう「水防」とが完全に分離し，
すべてが治水にゆだねられるようになってしまった戦後の現代的状況[58]は，この
当時にはまだ微塵も発生していなかったのである．

　ところで，農民たちとは別に一般の静岡藩士たちが住民の一員として水防活動
に従事することはなかったのであろうか．その点については，以下の史料が興味
深い事実を伝えてくれている（読点は筆者による）．

　　大原道蔵・松岡万江
　　抑木枯山之儀者水勢之妨害を為し候ニ付，此度御取毀相成候ニ付而者固より
　　土石運搬等衆力を不費候而者成功ニも難相成事ニ而，畢竟従前之鴻害を除き
　　後来之水利を起し候事ニ候得者，則国事ニ報する之一端共可相成事ニ付，勤
　　番組当主并ニ厄介等有志之もの者其場江出張，右工役ニ従事之儀随意勝手た

るへく候，乍去右之事業ニ強而□候様ニとの事ニ者無之候間，其辺□取違無
之様寄之申通候様可被致候，尤場所中之儀者松岡万差図可致候得共，若出張
無之節者同人ニ差□候役々ニ而差配可致候間，其段兼而相心得委細之儀者改
心所掛并大原道蔵可被談候　右之通静岡勤番組之頭江口達致候間，可被得其
意候[59]

年不明の通達であるが，内容から判断して，権少参事・水利路程掛たる松岡万と
水利路程掛郡方改役大原直路（道蔵）宛てに藩庁から出されたものであろう．静
岡勤番組の当主や厄介らが自由意志で治水工事に従事するようにとの布達を下し
たので，その業務を統括するようにとの内容である．「国事」に報いる覚悟で工事
に従事すべきであるとの言辞からは，農民任せにせず藩士たちにも水防に当たら
せようという藩の姿勢が見て取れる．ただし，強制ではなかったので，はたして
どれだけの藩士たちが実際に工事に参加したであろうか．なお，改心所とは，不
祥事を起こした藩士の矯正施設であろう．

　そもそも，領主と領民が一体性を保っていたとしても，70万石一藩だけでで
きることには限度がある．1870（明治3）年10月，静岡藩は，同年7月19日の
大風雨で受けた4大河川の堤防破壊距離（計7,004間＝12km余）と領内各地の
民家流失・損壊状況（計6,901軒）の一覧を添え，明治政府への助力を申請した．
その嘆願書は，大河の堤防普請にはとても「藩力」が堪えないため，一度は国役
普請をみとめられたものの，その後それが差し止められ，代わりに5万両の拝借
金を下され，藩費も加え18万両で工事を実施した．しかし今回の被害でさらなる
堤防修理が必要となり，その莫大な出費に藩財政は持ちこたえられない，窮民を
見捨てることもできないので，是非とも7万両の拝借をお願いしたいとの内容だ
った．この願いは，同年12月，5カ年賦返納による5万両の貸下げという形でみ
とめられた[60]．自然の脅威の前に自らの限界を思い知らされた静岡藩は，中央政
府の力を頼らざるをえなかったわけである．

5.4　沼津兵学校から明治政府の土木官僚へ

　前節では，静岡藩の水利路程掛が治水行政の実務・技術面においては，旧幕時

代と比較して格段の変化を示したわけではなかったことを明らかにした．しかし，先述した人的側面での革新，すなわち洋学者の治水行政への参画は，何ら意味をもたなかったのであろうか．残念ながら廃藩までのわずかな期間でその効果は表れなかったといえるが，その後，人材が明治政府へとバトンタッチされることで新たな展開が始まる．静岡藩は新時代の土木官僚を生み出す源泉となり，水利路程掛が存続したわずかな期間はその揺籃期だった．

水利路程掛の幹部の一人，福岡久（金吾・久右衛門・元明，生没年不詳）は，もともと天文方手付をつとめた和算家であり，第1期生として長崎海軍伝習所で洋算と海軍術を修めた．堀利熙らの樺太巡検への随行，海図「神奈川港図」の作成，尾張・伊勢・志摩沿岸の測量，全国沿岸測量実施の建白などを行ない，幕府海軍では一等士官・軍艦頭取・軍艦役に上った．幕府瓦解後は駿府に移住し駿河府中藩が清水港に設置を計画した海軍学校頭並（後に頭）に任命され，同校が未開校に終わった後は水利路程掛に転じ，さらに廃藩後は東京へ戻り明治政府の土木寮・測量司などに出仕した[61]．

水利路程掛としての福岡の活動については，前節で述べたところがあった．ほかに，勝海舟の日記，1870年12月23日条に「福岡久，ブラントポムプ之事談す，近日出火日々ニ付て也」[62] とあるのは，消防ポンプのことであろうか．同じく1871年8月13日条に「中村今使，ポンプ清水江参り候旨申越」，同17日条に「ポンプ会所江遣す」[63] とある．ポンプの使用は水利路程掛の業務と関係がありそうだが，それ以上詳しくはわからない．明治政府出仕後も土木関係の役職に就いたことからすれば，静岡藩時代においても彼の先導性を見出したいところであるが，残念ながら史料不足である．

むしろ後に与えた影響という点では，水利路程掛を短期間で辞した赤松則良（大三郎）のほうが顕著な足跡をのこしたといえる．彼は，水利路程掛を拝命する1869（明治2）年2月よりも以前，1868（明治元）年12月にはすでに水路の見分を命じられていた．翌年に入ってからは，吉原湊（現富士市）の水門設置，小須湊の潮除土手の普請，士族集団土着地である富士郡大宮町（現富士宮市）万野原の用水敷設などについて実地調査を行ない，関係する宿村の名主たちとも会談を行なった．

しかし，かねがね藩内の冗員削減を唱えていた赤松としては，下役たちが提出

した目論見帳などに押印する程度の役割である水利路程掛トップに 5 名は多すぎ、自らがその一人として之を連ねることは無意味であると主張し、1869 年 10 月には辞任を申し出た[64]。彼を除く水利路程掛のトップ 4 名とは、川上・佐々倉・福岡・根立のことであるが、佐々倉・福岡とは同じ旧幕府海軍出身ではあっても、一人赤松だけはすでに沼津での陸軍士官養成の仕事に自身の能力の発揮場所を移していたため、二役をこなすことは無理だったのだろう。

赤松は明治政府の海軍に出仕した後の 1871（明治 4）年時点でも、「土木頭と文部の教官を僕の望む処と御座候」[65]と述べ、土木部門の官庁への転任希望を抱いており、水利・土木の仕事に対する執着を持ち続けたらしい。1872（明治 5）年にお雇い外国人として来日したオランダ人治水技術者リンドウの世話についている事実も[66]、赤松が明治政府の中でも治水行政に関与する可能性を関与していたことを示すのかもしれない。

赤松が藩当局から買われた理由は、彼がオランダへの派遣留学生として同地で学んだ内容にあった。彼は、「此地では造船学研究の余力で工学博士ワンデルマーニデに就いて土木・水利・建築等の諸学科を兼修した」[67]というのである。海軍士官として造船技術を研修したのみならず、アムステルダムでは土木・水利・建築などの工学一般についても学んだという。当時の日本国内には稀有な存在だった。その頭脳を活用しない手はなかったのであり、藩首脳が彼をもって領内の治水行政にあたらせようと考えたのは当然であった。

赤松のオランダ仕込みによる土木・水利の知識は実務面では実現しなかったが、彼が本務として取り組んだ教育の中ではそれが反映されることとなった。すなわち、彼が本務職した沼津兵学校では、規則書「徳川家兵学校掟書」(1868 年 12 月制定) の中で規定された学科に、「築造学」「橋梁」「道路」「腦　水道　水道」といったものが盛り込まれたのである。それは本業生（専門課程）（工兵科）で修めるべきとされた科目であった。

また、1869 年 4 月に起草された「徳川家沼津学校追加掟書」は、既設の兵学科（兵学校）に加え文学科（政律科・史学科・医科・利用科の 4 科からなる）を新設し、藩の文官を養成するという方針を打ち出したものであったが、その中には、「第六条　利用之科は富国之源を開き民生を厚うするの根本にして総而土木之功器械之製より水利礦山樹芸農耕等之事を司り候人材を致教育候事」[68]といった条

文が設けられ，利用科では後の工学部・農学部での教育機能に相当する技術者の育成が想定されていた．ともにオランダに留学した経験をもつ沼津兵学校頭取西周と赤松とは，互いの文系・理系の専門知識を突き合わせ，この「追加掟書」を作成したものと思われる．

ただし，実際には沼津兵学校に文学科が新設されることはなく，「追加掟書」は幻に終わった．また，既設の兵学科においても，資業生（基礎課程）から本業生に進級する前に学校が廃止されてしまったため，水理学などを本格的に学んだ生徒は出なかった．

とはいえ，沼津兵学校の生徒たちが，赤松らが作り上げた学校の中で，科学技術の基礎としての数学・実地測量などをみっちりと仕込まれたことは間違いない．その後，沼津兵学校資業生からは石橋絢彦，同附属小学校生徒からは田辺朔郎・小田川全之らが工部大学校の土木科へと進学し，高度の専門教育を受けた技術者・工学者となった．偶然かそれとも意図したのか，福岡久の息子福岡伸郎も沼津兵学校第3期資業生となっている[69]．

また，治水・水利・土木などに関わる仕事をすることになった，そのほかの中級・下級技師には，大蔵省土木寮十二等出仕として測量事業に従事した沼津兵学校資業生出身の大川通久，同じく土木寮に勤務した福岡久，浅野永好（沼津兵学校教授 → 民部省土木司権少佑 → 大蔵省土木寮権中属 → 内務省地理局三等属），伊藤鉞五郎（箱館戦争参加 → 土木寮下工生 → 内務省地理局六等属），鈴木重固（沼津兵学校三等教授並 → 民部省土木権少佑准席 → 大蔵省土木寮十二等出仕 → 土木寮補下工生 → 内務省測量司一等少技手）らを沼津兵学校とその周辺の旧幕臣・静岡藩士として見出すことができる．

1873（明治6）年10月に明治政府に雇用され，淀川改修の設計を担当したオランダ人お雇い技師エッセルの助手をつとめ[70]，内務省土木寮十級出仕・同省土木局七等属などを歴任，『土木工学応用動水篇』（1896年，長野県櫛谷国松編）という口述書をもつ矢橋裕も沼津兵学校第1期資業生だった．

逆に，松岡万・小池久似のように水利路程掛に在職した者でも，明治政府出仕後はまったく別分野の官庁で仕事をすることになった者は少なくない．権少参事として水利路程掛の幹部の一人であった川上綏之は地方官として東京府に勤務したが，治水行政に関与したのか否かは不明である．同じく根立蘆水は，民部省地

理権正杉浦譲の日記の 1871 年正月 23 日条に「以根立氏為地理権大佑，真中少佑来謁」[71] とあることから，民部省地理寮への登用が検討されたらしいが，その後の動向は不明である．

　沼津兵学校を代表格とする旧幕臣・静岡藩士の洋学系人材群については，同時代の他藩からも注目が集まっており，それを明治新政府が積極的に活用すべきだという意見も出されていた．1871（明治 4）年 4 月，鹿児島藩士市来四郎は，「産業教授局」の設置を建白し，その教官候補者リストを添えたが，その中には赤松則良・宇都宮三郎・伊藤圭介・田中芳男・杉亨二・佐野常民・辻新次といった錚々（そうそう）たる人材と並び，水利路程掛の一員だった上條俊方（元平）の名が「本邦水利学」を得意分野とする者としてあげられていた[72]．市来が考えた産業教授局とは，殖産興業を目的に「諸工芸或農耕・水利・堤防・租税」などに資する教育機関のことであり，そこに水利・治水の技術は欠かせない分野とみなされていたわけである．ただし，「本邦」とあることから，上条はその履歴からして洋学とは無関係であり，あくまで伝統的な治水技術の伝承者として評価されたわけである．なお，上條は大蔵省の徴税部門の一官吏で終わったらしい．

　近世における治水技術については，「治水工法の認識は領主側としても上層役人や儒者のものとはなっていない．農民支配の実務（これを「地方の業」という）にたずさわる代官以下の知識となっている」[73] とされ，その学問としての限界性が指摘された．静岡藩の水利路程掛や沼津兵学校の試みは，「地方の業」と洋学とが結びつくことで，その近代的な学問への発展の可能性を示したといえる．ヨーロッパでは，伝統的な技術は，数学化＝規格化・定量化によって経験的・秘伝的性格から解放され普遍性を具備することで，近代工学という学問に昇華したが，それはたかだかフランス革命期に創設されたエコール・ポリテクニク以降のことであった[74]．

5.5　おわりに

　現代において静岡藩の水利路程掛に相当するのは，県庁や市役所の土木建築関係の部課に勤務する技術公務員であろう．技術公務員には，行政執行者（規制・許認可など），政策立案者，土木インフラ管理者，土木プロ（技術管理・人材育

成）としての側面があり，またその役割は，測量・設計などを自ら行なうプレーヤー（インハウスエンジニア）→ 外注・育成・指導などを行なう監督 → 全体のマネージメントを行なうコーディネーターという変化を遂げてきたという[75].

　近世において武士身分が担った幕府普請役の場合，自らが技術者である場合と監督やコーディネーターである場合とが混在していたように思う．一方，明治以降には，近代的な科学技術教育を前提に，上級から下級に至る層の厚い人材が育成され，また，純粋な技術者とそこから派生した技術官僚とが並び立つことで，政策レベルからも実務レベルからも行政を推進した．静岡藩の水利路程掛は，近世的な存在と近代を先取りするような存在とをあわせ用いることで新たな土木行政を推進しようとした形跡はあったものの，人材の採用・育成，技術の革新などを全面展開するに至らず，治水行政の近代化というにはほど遠かった．

　西洋化＝近代化への構えは，洋学系知識人はもとより旧幕臣全体の中では決して一様ではなかった．過渡期にあった静岡藩水利路程掛とその活動の中には，西洋近代技術の影響をほとんど受けていない前近代型技術者（陶工・金工・器械師・治水家などを典型とする）[76] がまだ息を保っており，まさに伝統と近代とが未分化なまま併存していたのである．

　むしろ，旧幕・旧藩時代に普請役・水利路程掛としての実務を経験することなく，沼津兵学校などでいち早く近代教育の洗礼を受けた者が，明治政府へ参入した後に活用，再教育を施され，新時代の技術者・テクノクラート（技術官僚）としての成長をみせたといえる．ただし，行政機構の整備，あるいは帝国大学による官吏養成と官僚制度の確立は 1880 年代まで待たねばならなかったのであり，早すぎた存在である旧幕臣出身技術者が明治政府の中で果たした役割は過渡的なものにとどまった．静岡藩水利路程掛の幹部から大蔵省土木寮・内務省地理寮などに入り，そこでそれなりの地位に就けたのは福岡久のみであった．その彼も旧幕時代には治水の専門家ではなく海軍士官だったのであり，近世的な治水技術の継承者としての存在ではなかった．福岡や赤松則良とともに長崎海軍伝習所で学んだ勝海舟は，晩年，明治以後の博士や技師が造った堤防よりも，旧幕時代の素人が造った堤防のほうが，生活に根差した知恵に依拠したものであり，はるかに頑丈だったと語っていたというが[77]，それは近代をいち早く知りえた立場からこそ可能だった「近代」批判だったといえる．

表 5.1　静岡藩水利路程掛の人びと

氏　　名	幕府時代	明治 2 年以前	明治 3 年時点水利路程掛	明治 4 年 10 月時点（水利郡方掛）	その後の履歴
川上綏之（服次郎，嘉興）	奥右筆謙三郎養子，昌平黌生徒，表右筆留物方，使番，目付介	御目付，郡政掛	権少参事	大属　27 歳	東京府大属・九等出仕
佐々倉桐太郎	浦賀奉行所与力，長崎海軍伝習所生徒，軍艦操練所教授方出役，軍艦役	海軍学校頭，運送方頭取，郡政掛	同	大属　42 歳	海軍兵学寮兵学権頭
福岡久右衛門（久右衛門，金吾）	天文方手付，長崎海軍伝習所生徒，軍艦操練所教授方出役，軍艦役	海軍学校頭並，運送方頭取，郡政掛	同	水利郡方頭	大蔵省土木寮七等出仕，内務省地理寮七等出仕
根立蘆水（助七郎，延亮）	勘定，上海派遣使節団随行，勘定吟味役，勘定組頭	松岡村地方役，郡政掛	同	権大属　60 歳	
松岡万（古道）	鷹匠組頭の子，浪士組取扱	精鋭隊取締，新番組頭並	製塩方頭並兼	大属順席　35 歳	静岡県十等出仕，東京府八等出仕，東京警視庁大警視
上條俊方（元平，元之助）	四川用水方普請役見習	勘定	郡方改役	権少属	静岡県権大属・租税掛，大蔵省租税寮中属，租税局四等属
大原直路（道蔵）	御小人目付	勘定格徒目付	同	権大属順席	浜松県権大属，静岡県権大属・庶務役
小池久以（於喜三郎）	普請役	勘定方，大宮宿最寄地方添役	同	権少属　38 歳	浜松県十二等出仕，太政官調査局二等属，内閣会計局恩給課長
柴田直八郎		右筆雇	郡方		
高山良平（良之助）	大番組，遊撃隊	三州横須賀奉行支配調役	同	水利郡方掛権少属　44 歳	
小林昂（源之進・源之助・昇）	勘定方地方添役	蒲原最寄地方役添役	同	権少属	青森県中属，長野県御用掛準判任
葛山精一郎（悧輔）	箱館奉行支配調役並出役	精鋭隊記録掛	同	水利郡方掛権少属　40 歳	
内田富淑（惣五郎）	勘定吟味方下役	勘定下役元締	同並	権少属	静岡県史生，権中属，六等属
神山忠次郎	箱館奉行支配出役，本丸御普請小屋場取締出役		同	権少属順席　31 歳	
浜中義郎（義左衛門）	開成所調役並	遠州横須賀割付	同	権少属	静岡県等外一等・租税掛，司法少解部，宇都宮始審裁判所判事
依田守正（安三郎）	講武所奉行支配	江戸表差置・稽古人世話出役	同		山形県十五等出仕，静岡県御用掛準判任・土木課
佐々木源次	徒目付	遠州横須賀勤番組	同	権少属順席	静岡県等外二等・租税掛，新治県十四等出仕・土木係，茨城県権少属・土木係
神山精三（精造）			同	権大属順席，水利郡方掛准十五等　28 歳	
小川金次	四川用水方普請役見習	勘定下役元〆格，郡方下役	同	権少属順席	
今井卓示（宣徳）			同	権少属順席　35 歳	

表 5.1 続き

氏　　名	幕府時代	明治 2 年以前	明治 3 年時点 水利路程掛	明治 4 年 10 月 時点 （水利郡方掛）	その後の履歴
高原昌宣（鈴九郎）		勘定下役並元締元格	同	権大属順席, 水利郡方掛准 十五等　32 歳	浜松県十五等出仕, 愛知県権中属, 茨城県十二等出仕・土木係, 七等属
中村昌雄（昌太夫か）	在方普請役か	勘定下役元〆格	同	権少属順席 30 歳	
林釗三郎（鐸三郎）		勘定下役	同	権少属順席	
浅井新一郎			同	権少属順席	内務省御用掛準奏任
伊藤小舟（一郎）		精鋭隊, 新番組	郡方並・松岡万手附・開墾方並記録掛・製塩方取締兼		静岡県十五等出仕, 聴訴課, 岐阜県四等属, 福井県四等属
神谷恒次郎	表右筆		筆生	史生順席	
大橋鉄太郎			同		
市川孫十郎（孫之丞）	作事奉行支配下奉行		同	権大属順席, 水利郡方掛准 十五等　50 歳	静岡県仕丁・租税掛, 十四等出仕
佐藤忠活（忠次郎, 恕蔵）		相良割付	同	史生　32 歳（3 年閏 10 月 15 日～5 年 1 月 27 日）	東京府十二等出仕
小林録郎			同	史生　31 歳	
長島信之（信之助）			同	史生	丸子学校訓導
宮本恒太郎（恵之）	四川用水方普請役	勘定下役元〆格	同	権少属順席	
佐藤素（素三郎）			同	史生　26 歳	
村田友次郎			同	史生	
丸島弦（夏六）	御持小筒組	江戸表世話取扱	同	史生, 水利郡方掛史生　43 歳	千葉県十四等出仕, 茨城県史生, 九等属・土木係
白石十三郎			同	史生	
磯山広福（誠一郎）		海軍附調役並, 海軍四等学校役	同		愛知県史生, 熊谷県十三等出仕, 海軍省会計局雇, 千住製絨所属
山田吉五郎		海軍附賄役, 海軍五等学校役	同	史生	
古川新九郎		海軍附賄役, 海軍五等学校役, 町奉行局支配下役	同	史生　35 歳	
黒川善次郎		三州横須賀割付	同	史生　32 歳	
田中兼次郎			松岡万手附出役		
金井敬教（貞次郎・禎次郎）	四川用水方普請役か	彰義隊会計係・咸臨丸降伏人	同		大蔵省租税局七等属
岸本操（経廣, 伴次郎）			同御雇	史生	
渡辺菊太郎		勘定下役並	同		
喜多川一太郎（市太郎, 正道）	開成所定役並	田中割付	同	史生	静岡県等外一等出仕, 同県十六等出仕

表 5.1　続き

氏　名	幕府時代	明治2年以前	明治3年時点 水利路程掛	明治4年10月時点（水利郡方掛）	その後の履歴
枝川昌三		新居三等勤番組	同	史生、水利郡方掛准十六等出仕、郡方掛准十六等出仕 40歳	内務省勧業第十四等出仕
篠原熊五郎（熊五郎）		掛川朔付	同	史生順席	
伊藤知明（音五郎）			同	史生順席　25	
倉橋政武（兼五郎）	勘定所法御普請役、横須賀製鉄所官長并医師取建物掛り	久能御取締支配定役	同	史生	新治県十三等出仕、同県少属、茨城県権中属、同県六等属
葛山新太郎			同		
佐々木禎太郎（正規）	源次の子		同		
市川鎮一郎	孫十郎の子		同		静岡中学校一等助教諭、浜松尋常中学校教諭
立野雄三			同		
加藤鎮太郎			同		
粟品楢太郎			同		
山口謙三			（筆生御雇・2年9月時点）		
小沢桂一郎			御役所詰番	史生順席	
大見驚三		駿府町奉行組同心	使部	使部	新炭商
名取仙三郎			御役所詰	御役所詰	
佐々倉義道（松太郎）	桐太郎の子	（箱館戦争参加）		権大属次席見習	海軍兵学校十三等出仕、内務省駅通局十等属
高木七太郎	御仕置例並御触書掛り			権少属	
鈴木孝次				権少属順席	
磯山左右輔				史生	
高林逸（静助・静輔）	吟味方下役当分助、箱館海軍伝習所生徒	勘定下役並	（宿駅掛筆生）	史生順席	
荻野司孝（健太郎）	普請役給次郎の子	勘定下役並	使部	史生順席	浜松県十五等出仕・堤防掛、福島県六等属
安井政五郎		海軍附調役並勤方、海軍四等学校校授		史生順席	
大沢源次郎		勘定並		史生順席	
長谷川銃作				水利郡方附属	
赤松則良（大三郎）	沼津兵学校一等教授方		（水利路程掛）		海軍中将、男爵
高山湧之助	陸軍方		（水利路程掛）		

『静岡御役人附』をもとにその他史料・文献より作成

注

1) 以上，普請役の説明は，大石　学編（2009）江戸幕府大事典，吉川弘文館などによる．勘定所詰を予算・技術上の総括的業務担当，四川用水方を治水行政の技術専門職，在方を税・警察業務担当とみなす文献もあるが（中尾　務編（1995）堰堤秘書　付治水要弁，北海道開発協会，p.26），それは不正確であろう．

2) 村上　直・馬場憲一編（1986）江戸幕府勘定所史料—会計便覧—，吉川弘文館，pp.220-223.

3) 村田路人（1995）近世広域支配の研究，大阪大学出版会.

4) 高木家と治水に関する研究には，秋山晶則（2000）旗本交代寄合高木家の治水役儀をめぐって—笠松役所との関係を中心に—，名古屋大学博物館報告，第16号などがある．

5) 「解題」（岐阜県立図書館編（1963）郷土資料目録第2集　美濃郡代笠松陣屋堤方役所文書，岐阜県立図書館），pp.145-146.

6) 佐藤昌介（1964）洋学史研究序説，岩波書店，p.211．砲術を特技とした普請役としては，注9文献の井上貫流左衛門も同じ．

7) 荒木周道編（1913）増補改訂幕府時代の長崎，長崎市役所，p.227，末松謙澄（1980）修訂防長回天史，柏書房，p.192，益井郁夫（1992）幕末の鬼才三浦乾也，里文出版，pp.98-99，「長崎出役御用留」（寅閏7月・柏木，伊豆の国市・柏木家文書，複製は伊豆の国市立中央図書館所蔵）による．佐藤の名は，蘭方医桂川甫周が残した『和蘭字彙』刊行に関わる雑記帳の中に「御普請役　佐藤陸奥三郎　孫房坊」（今泉源吉（1969）蘭学の家桂川の人々—最終篇—，篠崎書林，p.91）と記されていることからも，蘭学者たちとの交遊が想定される．ただし，それが何らかの形で本務の治水技術につながったのか否かは不明．

8) 下田市史編さん委員会編（2016）下田市史　別編　幕末開港，下田市教育委員会，pp.208-209．たとえば，後に静岡藩水利路程掛の郡方改役になった上條俊方（元之助・元平）は，1856（安政3）年7月22日，28日，29日，8月5日，24日にわたり，ハリス・ヒュースケンとの会談に普請役として立ち会っている．

9) 田原昇（2006）幕府普請役の「御用」分担と経歴—井上貫流左衛門家文書より—．東京都江戸東京博物館調査報告書第18集，幕臣井上貫流左衛門家文書の世界（東京都江戸東京博物館都市歴史研究室編）東京都，p.48，pp.58-59.

10) 大谷貞夫（1986）近世日本治水史の研究，雄山閣出版，p.72，p.385.

11) 松平太郎（1919）江戸時代制度の研究，武家制度研究会，1993年復刻，新人物往来社，p.982.

12) 中尾　務編（1995）堰堤秘書　付治水要弁，北海道開発協会，p.71.

13) 山本晃一（1999）河道計画の技術史，山海堂，p.105．同（1996）日本の水制，山海堂，p.72，同（2008）普請目論見書　解説（利根川歴史研究会編，大谷貞夫文庫　普請書目論見　天・地・人，学報社，p.3）でもほぼ同じことが述べられている．

14) 宮内公美（左右平，1822-93）の墓石からは，代官手代から慶応2（1866）年普請役となり，1867年御勘定と進み，維新後は巣鴨で隠退した後，新政府に出仕し神山県・愛媛県・埼玉県に奉職したことがわかる（樋口雄彦（2016）幕臣たちは明治維新をどう生きたのか，洋泉社，pp.86-89）.

15) 旧事諮問会 編 （1986) 旧事諮問録—江戸幕府役人の証言— （下)，岩波書店，pp.100-101.
なお，宮内と同じく代官手代として民政に従事した韮山代官配下の長沢家の旧蔵書(伊豆の
国市郷土資料館保管) には，「算法地方大成」「御普請定法書」「川除御普請積方 （水防仕法)」
「算則」「八線表」といった治水・測量・算法関係のものがみられ，知識としては技術的素養
を身につけていたことがうかがえる．

16) 永原慶二 （2002) 富士山宝永大爆発，集英社，p.257.

17) 洞　富雄 （1960) 間宮林蔵，吉川弘文館，pp.45-46. なお，間宮林蔵自身も 1822 （文政5)
年7月に普請役に採用され，その養子鉄次郎は普請役を経て御広敷添番頭 （旗本) にまで昇
進した．

18) 樋口雄彦 （2016) 幕臣たちは明治維新をどう生きたのか，洋泉社，pp.86-92，pp.199-202.

19) 磐田用水連合会 編 （1952) 磐田用水誌，磐田用水連合会，p.70.

20) 金谷町史編さん委員会 編 （1990) 金谷町誌 （下)，1929 年原本，影陰版，金谷町役場.

21) 復刻版としては，楠善雄解説 （1976) 土木工要録 （付録)〈江戸科学古典叢書8〉，恒和出版.
なお，明治になってから公刊された同様の技術書として，岩田寿留治 編 （1886) 土木普要
集，石版舎があるが，巻頭の「附言」によれば同書が幕府普請役に伝来したものであること
を証言したのは，かつて静岡藩水利路程掛に勤務した旧幕臣で当時長野県史となっていた
小林昂である．

22) 熊井　保・大賀妙子 編 （1990) 江戸幕臣人名事典　第三巻，新人物往来社，p.19.

23) 日本科学史学会 編 （1970) 日本科学技術史大系　第 16 巻　土木技術，第一法規出版株式会
社)，pp.15-16，三浦基弘・岡本義喬 編 （2004) 日本土木史総合年表，東京堂出版.

24) 落合則子 （2006) ある普請役が見た瓦解と維新—井上廉八の日記を素材に—．前掲・東京都
江戸東京博物館調査報告書第 18 集，幕府井上貫流左衛門家文書の世界，pp.71-72，p.97，我
部政男 他編 （1995) 国立公文書館所蔵　勅奏任官履歴書下巻，柏書房，p.48. 同様に，新
政府の会計局に御普請役・廻漕懸 （掛) という役名で勤務した堀晴光・小川知之といった旧
幕臣の存在が知られる （小泉雅弘 （1994) 明治初期東京府の人的基盤—「東京府史料」所載
官員「履歴」の紹介をかねて—，江東区文化財研究紀要，第五号，pp.51-52).

25) 静岡市役所 編 （1976) 静岡市史—近世史料三—，静岡市，pp.341-342.

26) 安竹貴彦 （2002) 大坂奉行所から大阪府へ （二) —幕末から明治初年における町奉行所与
力・同心の動向を中心に—．奈良法学会雑誌，**14**(2).

27) 笠松町史編纂委員会 編 （1957) 笠松町史下巻，笠松町公民館，p.35，pp.54-55.

28) 中岡哲郎 （2006) 日本近代技術の形成—〈伝統〉と〈近代〉のダイナミクス—，朝日新聞
社，p.447.

29) 飯島千秋 （2004) 江戸幕府財政の研究，吉川弘文館，p.176.

30) 浅羽町史編さん委員会 編 （2000) 浅羽町史—通史編—，浅羽町，p.652.

31) 静岡県 編 （1989) 静岡県史　資料編 16 近現代一，静岡県，p.1234. ほぼ同文の別史料では，
任命は2月1日のこととなっている （岩下哲典・高橋泥舟史料研究会 編 （2015) 高橋泥舟
関係史料集　第一輯 （日記類一)，p.40).

32) なお，根立蘆水については墓誌の碑文が発見されたことにより，助七郎が通称だったこと
や生没年月日，祖父や父の名前など，従来不明もしくは不確実だった事実が明らかになっ
たので，ここに引用しておきたい．

　　　故根立助七郎碑文
　　君諱亮延通称助七郎根立氏号蘆水以文政十三年十一月十六日生以明治十五年十月十三
　　日病卒娶浅井氏生三子伯栄承後仲実利出嗣植村氏季信義嗣今井氏王父亮英君称助九郎
　　考亮門君称助十郎至君三世仕徳川氏祖考皆葬於小石川金富町多福院君葬谷中天王寺
　　　明治十五年十二月
　　　　　　　　　　　　　　　　　　　　　　　　　　　　不肖子栄等謹建
　　　　　　　　　　　　　　　　（東京都江戸東京博物館所蔵「御維新前後必要記臆」所収）
　　菩提寺の過去帳によれば，戒名は清光院殿秋月蘆水居士といった．息子の根立栄（助太
郎）は，幕府では奥右筆見習，静岡藩では沼津郡政役所の郡方をつとめ，明治政府に入って
からは内務省駅逓寮一等属などになった人物であり，1909（明治42）年8月29日没，戒名
は徳法院殿秋岳大栄居士といった．いずれも東京都文京区・多福院様のご教示による．

33) 農民の用水池開墾反対運動への対応など，水利路程掛松岡万の活動とその結果彼が神として
　　祀られるに至った事例については，池田俊次（1980）大池事件と松岡霊社，遠州文化セン
　　ター，磐田西高校社会部 編（2002）大池周辺の生活—水と農業を中心として—，磐田西高
　　校社会部など．
34) 岩下哲典・高橋泥舟史料研究会 編（2015）高橋泥舟関係史料　第一輯（日記類一），p.49.
35) 金谷町史編さん委員会 編（1995）金谷町史　資料編三　近現代，金谷町役場，p.39.
36)「進達并達留」（島田市郷博物館所蔵）．なお，この文書には旗の図も付されている．
37) 岩下哲典・高橋泥舟史料研究会 編（2015）高橋泥舟関係史料　第一輯（日記類一），p.50,
　　p.52.
38) 渥美町史編さん委員会 編（1985）渥美町史—資料編—（下），渥美町，pp.375-376.
39) 清水　実 編（1986）蓮花寺池一件手続書，藤枝北高等学校，p.38.
40) 加藤七五郎（1893）井上延陵翁伝，加藤七五郎，pp.70-71.
41) たとえば，1870（明治3）年9月，駿東郡原宿・大塚町が洲浚普請・波除堤普請を願い出た
　　先は，沼津郡政役所であった（渡辺八郎（1987）東海道原宿の災害誌（一），沼津史談，**38**,
　　pp.97-99.）
42) 福澤　清（2009）今井村の田畑に用水を引いた—若き指導者甲田宗三郎—，駿河，**63**，駿河
　　郷土史研究会，p.107.
43)「明治二己巳年正月吉日　御用留」（個人蔵・遠江国豊田郡友永村西尾家文書）．
44)「御触書御用状控」（沼津市明治史料館所蔵・鳥谷川口家文書）．
45)「明治三庚午年七月四日　御用留」（個人蔵・遠江国豊田郡友永村西尾家文書）．
46) 知野泰明（1991）徳川幕府法令と近世治水史料における治水技術に関する研究，土木史研
　　究，**11**，pp.59-60.
47) 浜松市役所（1962）浜松市史　史料編五，浜松市役所，p.336.
48) 静岡県 編（1989）静岡県史　資料編16 近現代一，静岡県，p.1237.
49) 静岡県 編（1989）静岡県史　資料編16 近現代一，静岡県，pp.1235-1236.
50) 島田市史編纂委員会 編（1967）島田市史資料第五巻，島田市役所，pp.153-159.
51) 静岡県 編（1989）静岡県史　資料編16 近現代一，静岡県，pp.1236-1237.
52) 山田万作（1891）岳陽名士伝，1985年復刻，長倉書店，pp.6-8. 同様の記述は，高室梅雪
　　（1901）静岡県現住者人物一覧，高室梅雪刊，p.4 にもあり．

53) 山田万作（1891）岳陽名士伝，1985年復刻，長倉書店，p.1390.

54) 斎藤　新（1999）有志による天竜川改修事業の構想と頓挫―金原明善．静岡県近代史研究会編，近代静岡の先駆者―時代を拓き夢に生きた―，静岡新聞社，p.40.

55) 金原治山治水財団 編（1968）金原明善，金原治山治水財団，pp.207-213.

56) 大熊　孝 編（1994）川を制した近代技術　叢書日本近代の技術と社会4，平凡社，p.11.

57) これらの点については，斎藤　新「静岡藩の地方支配」（田村貞雄 編（1998）徳川慶喜と幕臣たち―十万人静岡移住その後―，静岡新聞社．

58) 宮村　忠（2010）改訂水害―治水と水防の知恵―，関東学院大学出版会，p.217.

59) 渡辺刀水旧蔵諸家書簡8431（東京都立中央図書館所蔵）.

60) 静岡県 編（1989）静岡県史　資料編16 近現代一，静岡県，pp.1239-1244. 同（1996）静岡県史　通史編5 近現代一，静岡県，p.46.

61) 樋口雄彦（2009）まほろしの清水海軍学校．清見潟，**18**，pp.11-13，鈴木純子（2013）幕府海軍から海軍水路部へ―赤門書庫旧蔵地図に残る初期海図の航跡―. 東京大学史料編纂所研究紀要，**23**，p.72.

62) 東京都江戸東京博物館都市歴史研究室 編（2011）勝海舟関係資料　海舟日記（五），東京都，p.23.

63) 東京都江戸東京博物館都市歴史研究室 編（2011）勝海舟関係資料　海舟日記（五），p.75，p.77.

64)「赤松則良日記」（国立国会図書館憲政資料室所蔵・赤松則良関係文書）.

65) 1871（明治4）年12月25日付宮崎志津世宛赤松大三郎書簡（国立国会図書館憲政資料室所蔵・赤松則良文書）.

66) 岩下哲典・中澤　聡（2005）明治初期御雇外国人の基礎的研究―オランダ人治水技術者リンドを中心に―，明海大学教養論文集　自然と文化17，p.4，岩下哲典・小暮実徳（2007）明治初期における日本人のホスピタリティ―近代日本治水事業の恩人，お雇外国人リンドの書簡集を材料に―. *Journal of Hospitality and Tourism*, **3**, pp.31-32.

67) 赤松範一 編注（1977）赤松則良半生談，平凡社，p.197.

68) 徳川家沼津学校追加掟書．国立国会図書館憲政資料室所蔵・西周関係文書，大久保利謙 編（1962）西周全集，第二巻，宗高書房，p.471，pp.475-476.

69) 福岡伸郎が久の息子であることは，1871（明治4）年2月に山口藩へ仏式練兵教授のため派遣される際の書類（久能山東照宮所蔵「明治四未年正月ヨリ　御書付留」）に「水利路程掛久惣領福岡伸郎」と記載されていたことから判明.

70) 龍翔館 編（1990）蘭人工師エッセル日本回想録，三国町，p.66.

71) 編集代表者土屋喬雄（1978）杉浦譲全集第三巻，杉浦譲全集刊行会，p.87.

72) 鹿児島県維新史料編さん所 編（1980）鹿児島県史料（忠義公史料第七巻），鹿児島県，pp.88-102.

73) 古島敏雄（1976）科学技術の発達と洋学．近世4〈岩波講座日本歴史12〉，岩波書店，p.250.

74) 中山　茂（1974）歴史としての学問，中央公論社，pp.202-208.

75) 土木学会（2010）技術公務員の役割と責務，丸善.

76) 湯浅光朝（1984）日本の科学技術100年史（下），中央公論社，p.274.

77) 松浦　玲（1987）明治の海舟とアジア，岩波書店，pp.184-185.

第6章　民俗学の災害論・試論
―危険と豊饒：伝承事実が語る逆利用の論理―

関沢まゆみ

6.1　災害と民俗学

（1）3.11 東日本大震災と人文社会科学の対応

2011（平成 23）年 3 月 11 日 14 時 46 分，三陸沖を震源とするマグニチュード 9.0 の巨大地震が発生した．宮城県北部では震度 7 を記録し，宮城県中部・南部から福島県の中通り・浜通り，茨城県北部・南部，栃木県まで広域にわたって震度 6 強の激しい揺れを記録した．大被害は「地震・津波・原発事故」の三大被災からなり，それぞれに正確で具体的な数値を出すのさえ困難なほど甚大な被害がもたらされた．この 3.11 東日本大震災は当然，自然科学・人文科学・社会科学の各分野にとっても大きな課題を投げかけるものであった．早い刊行のものに社会学からは田中重好・舩橋晴俊・正村俊之編著『東日本大震災と社会学』（2013 年）があり，大災害とそれを生み出した社会に対するコミュニティー論やボランティア論やメディア論などが提示され，特に原発震災の制度的かつ政策的欠陥についてそれを生み出している日本社会の在り方，それ自体に対する自己批判的な問い直しと問題点の解明が必要であると指摘されている．文化人類学からは，竹沢尚一郎の『被災後を生きる―吉里吉里・大槌・釜石奮闘記―』（2013 年）や，トム・ギル，ブリギッテ・シーテガ，ディヴィド・スレーター編著『東日本大震災の人類学―津波，原発事故と被災者たちの「その後」』（2013 年）などがあり，現場に立脚した議論が展開されている．民俗学では，『日本民俗学』の 277 号（2014 年）と 293 号（2017 年）に特論「災害」の節が設けられたが，その一方，かつて 1896（明治 29）年と 1933（昭和 8）年の二度にわたる三陸大津波の被害と，その復興の状況を調べた山口弥一郎の『津浪と村』（1943 年）があらためて注目され，災害

被害とともにその前後の生活とその再建に向けての動向に注目する視点が提示されている[1].

(2) 山口弥一郎の昭和 10 年代の調査

　その山口弥一郎『津浪と村』によれば，1896（明治 29）年の大津浪後の村の復興様式には，第一に集団移転，第二に分散移転，第三に現地復興の三つのタイプがあったという．第一の集団移転には，私財をなげうってでも実現するという意思とリーダーシップを有する指導者の存在が不可欠であり，第二の分散移転は，そうした指導者がおらず個々の判断に委ねられたものであった．そして，第三の現地復興は，港湾をもつ地方都市や漁業を主生業とする集落において経済と生活の便利さを基準に選択されたものであった．第三の現地復興を選択した地方都市の場合，「移動すれば金と経済的機能を失うから被害地域に復興する外ないものがある」，また漁業者の場合には，越喜来村下甫嶺（現大船渡市三陸町越喜村）の老婆の語りに象徴されるように「漁夫が浜を離れて生きられるもので無い」という現実があった．唐丹村小白浜でも，やはり 1896 年の津浪のあと，3 人の指導者のもとで高地へ移転が行なわれたが，「一部の漁夫は浜に出る不便より仮屋に居着いてしまい」，商店も漁師を相手にするため「浜の元屋敷に別に家を建て，商業を始める人などが出来，漸次原地に戻る傾向を生じていた」という．唐丹村本郷でも，1896 年の大津浪襲来の年から，3，4 年間，イカの大漁が続いて景気回復して，1902（明治 35）年頃までに海岸の原地にほぼ復興を遂げた．その本郷では「時日を経過するに従い，津浪は再々来るものでなく，浜を離れては毎日の生活が不自由であり，先祖の位牌を護るには元屋敷がよいと，原宅地を離れ難さに〔高地に〕単に 4 戸移ったのみで，他は遂に原地に落ち着いてしまった」（〔　〕内は筆者による）とある．しかし，その本郷は，1933（昭和 8）年の大津浪で，谷奥の 1 戸を残して全村 101 戸が全滅してしまった．死者 117 名，行方不明 208 名，計 325 名であった．

　漁師にとっての浜は，利益が上がると同時に津波を受ける危険な場所でもある．そうした危険を知った上で，それでも利益があがる低地に居住することが繰り返されてきたのである．災害の実態レポートや災害予防対策が議論される中では，このような動向は批判的にみられがちである．しかし，「流されても，またも

とのところに戻る」,「流せば流して，また作りかえる」という事例もたしかに存在してきているのである.

　たとえば，歴史上の事例にも注目してみるならば鎌倉時代から室町時代にかけておよそ 300 年間存在した瀬戸内海の芦田川河口の大規模集落，草戸千軒 町 遺跡（現在の広島県福山市）の例が知られる．長和荘などの荘園とほかの地方との物流の交流起点として繁栄し，商工業で栄えた町である.「寛文 13〔1673〕年の洪水で滅びた」(『備陽六郡誌』[2]) という伝承が残されているが，1961（昭和 36）年からの発掘調査の結果，その遺構からは，平安時代末から鎌倉時代初め頃，中洲西端付近で生活が開始されたものの，何度かの洪水により集落はいったん水没したが，室町時代中期に復興し，その生活地域も中洲全域に広がっていたという．それが，室町期後半に急激に町が廃れたのは，洪水の被害によってではなかった．芦田川の堆積作用によって港町としての機能が失われたからであった（広島県草戸千軒町遺跡調査研究所，1983）.

　災害を論じる場合，危険な低地に居住することを一面的に単純に負としてのみ否定的に論じるだけでは問題の核心へとは迫れないということを，それらの事例は教えている．人間の災害に対する取り組みには，負と正の二面的，あるいはその中間的なものも含めて多面的な取り組みがあることを民間伝承は教えている．そこで本稿では，民俗学の視点，つまり伝承分析学の視点から，災害論と生活論との両面から，特に河川の氾濫や洪水への対応を多様な民間伝承の中に追跡してみることとする.

6.2　河川の岸辺や中洲に設営されていた埋葬墓地

　近畿地方の農村では長い間，遺骸を埋葬する，サンマイ（三昧）とかミハカ（身墓）あるいはステバカ（捨て墓），ウメバカ（埋墓）などとよばれる埋葬墓地と，それに対応する石塔墓地とを別々に設ける両墓制が営まれてきた．この両墓制の成立と展開についてはすでに多くの民俗学の研究蓄積がある[3].

　両墓制の埋葬墓地の立地については，1) 山間地，2) 平野部，3) 河川流域，という三つのタイプがあったが，いずれも死穢忌避と遺骸への無執着という二点が注目されてきていた．しかし，その中でも，3)河川流域で，洪水のたびに流失し

図 6.1　河川流域の埋葬墓地の例
日野川の土手下に立地するサンマイ．（滋賀県近江八幡市，
2016 年 8 月，筆者撮影）

てしまう埋葬墓地については，あくまでも特殊な事例として看過されてきた．か
つてそのような事例について，「流葬を伴う両墓制」と名づけて問題視し，その情
報を熱心に報告したのは野田三郎であった（野田，1974）．しかし，それに対する
ほかの研究者の反応は鈍かった．そして，問題はのこされたままであった．その
後，火葬化が進むとともに，野田が注意を喚起し歴史的にも事実上存在していた
「流葬を伴う両墓制」の事例は失われていった．しかし，今あらためてそれら，河
川の流域や中洲に埋葬墓地を設営する事例が確かに存在したこと，そして，その
意味について検討する必要性が浮上してきている．たとえば，1915（大正 4）年，
1916（大正 5）年に奈良県教育会によって行なわれた調査の記録『奈良県風俗志
資料』（奈良県立図書情報館蔵）の作成過程で収集された現地情報の中にも，野田
が注意を促したような「流葬を伴う」埋葬墓地の事例が報告されており，そのよ
うな事例が特別視されながらも確実に存在していたことが再確認されてきている
からである．

〈事例 1〉奈良県吉野郡国樔村大字南大野の埋葬墓地

　国樔村大字 南 大野の墓地は，吉野川の川中に三反歩程度を有していた．
　「県下独特・比類恐ラク他郷ニ見ザルベキ共同墓地ヲ我村大字南大野ニ存ス．標
木標石（石塔）ヲ建ツルコトナク川中ノ丸石ヲ集メテ約円錐形ニ積ミ高サ大人ノ
タメニハ四尺許，小人ノタメニハ一二尺トス．コノ共同墓地ハ吉野川ノ川中ニ在

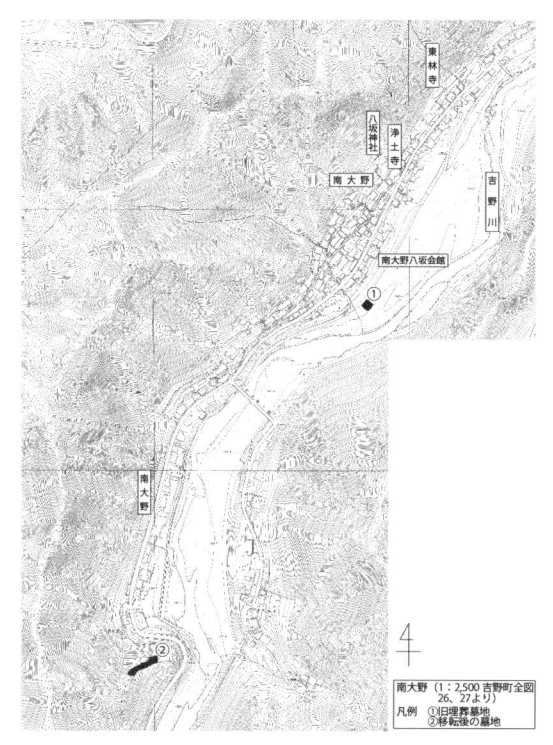

図 6.2 南大野の墓地（「吉野町全図 26, 27」2,500 分の 1 より）
①川中の埋葬墓地跡，②移転後の墓地

リ，平常ハ磧トナレルモ水量増ストキハ忽チ墓地全部水中ニ没シ積上ゲタル墓墳堆石ハ押流サレ旗立花ハ影ヲ止メズ誰ノ墓トモ区別シ難ク或ハ屍体流失ナキヲ保セズ」（『奈良県風俗志資料』）と記されている．つまり，南大野の墓地は標木や石塔を建てずに，川中の丸石で円錐形のように積んで，その高さは死者が大人の場合は約 1 m20 cm，子どもなら 30 cm か 60 cm である．この共同墓地は吉野川の川中にあり，ふだんは磧になるが，川が増水するとたちまち墓地全部が水中に没して，石を積んだ墓は押し流されて，旗や花もなくなり，誰の墓とも区別し難く，屍体も流失する，という状況が記されている．独特の遺骸処理の方式を伝承しながら，それが特別視されていたことがわかる．

　この報告がなされた 1915（大正 4）年は，1889（明治 22）年 8 月の十津川大水害の 26 年後である．『吉野郡水災史』（宇智吉野郡役所編纂，1891）によれば，十

図 6.3　吉野川の川中にあった南大野の埋葬墓地跡
エノミの大木が目印．（2015 年，筆者撮影）

図 6.4　移転後の山の埋葬墓地の現状（2015 年，筆者撮影）

津川郷（北十津川村，十津川花園村，西十津川村，南十津川村，東十津川村）の
被害が最も大きく，視察にいった役人は「旧形に復するは蓋し 30 年の後にあるべ
し」といったという．結局，被災者 2,691 人が同年 10 月から翌 7 月まで 4 回にわ
たって北海道に移住して，その地に新十津川村の建設を決断したことからみる
と，この地での復興を断念するほどの被害状況だったことが推測される．天川村，
大塔村（現五條市の一部），賀名生村（現五條市），野迫川村，南芳野村（現下市
町の一部と黒滝村）など，吉野郡における被害も甚大であった．このような大水
害を経験しても，南大野ではなお吉野川の中洲に埋葬墓地が設けられていたので

あった.

2015年1月の筆者の追跡調査によれば，すでにこの南大野の河原の埋葬墓地は使用されておらず，エノミとよばれる大木が目印で草木の繁みとなり放置され，この埋葬墓地の場所はハシドとよばれていた．現地に住む森本弥八郎氏（昭和14年生まれ）によると，父親から「河原に墓があった．台風などでしょっちゅう流されていた」と聞かされていただけで，その河原の墓に自分は行ったことはないという．その埋葬墓地は，1925（大正14）年に南大野の集落の南の外れにある山の上に新たな埋葬墓地を造営したあとは使われなくなった．その新しい山の墓地はその後土葬から火葬への変遷を経ながらも現在も使用されている.

〈事例2〉 和歌山県日高川流域の埋葬墓地の立地

野田三郎の「流葬を伴う両墓制について―紀伊日高川を中心に―」（1974年）と『日本の民俗　和歌山』（1974年）では，河岸や海岸に近く，豪雨や高潮で流失することが予想される地点であるにもかかわらず，そのような場所に埋葬墓地を設けて遺体を埋葬する習俗が，紀伊半島の日高川や紀ノ川，およびその支流において広くみられることに注目してそれらの事例を紹介している.

たとえば，紀ノ川の支流である貴志川流域では，川の岸の藪の中に埋葬墓地が設営されており，1953（昭和28）年の和歌山大水害では，河床からの比高20mのステバカ（埋葬墓地）がことごとく流去したにもかかわらず，その後も同じ位置を埋葬墓地として利用しているというのである．なお，この地域では埋葬後に墓地には木碑を立てるのみであとは参らないという.

日高郡川辺町三百瀬では日高川に面した小籔に埋葬したあと，17日間参る人もあれば37日間まで参る人もあり，人それぞれであるという．川床から比高2mであるから新墓のほかはようやく痕跡をとどめるに過ぎないとある．また，紀ノ川筋の橋本市隅田の一部では8月1日の八朔から隅田八幡社の秋祭りが終わる8月16日までの間の死者は村内墓地に埋葬せず，村境の谷川のほとりへ埋葬する風が明治初年まであったという．この事例などは，隅田八幡神社を意識しての死穢忌避観念が，秋祭りのときに限定されながらも残っていたものと解釈できよう．つまり，本来，村内墓地の利用が始まる前は，一年中，谷川のほとりに埋葬されていたものと推測されるのである（野田，1974）.

また，堤防工事が行なわれた事例についても報告がされている．紀ノ川支流の

切目川流域の日高郡印南町楠本，高垣では，切目川の中洲の藪中を埋葬墓地にしていた．昭和28（1953）年の大水害で埋葬墓地は流去したが，その後，新堤防を築いて，川の流路を変更した．埋葬墓地は元の位置にあるが，新堤防の外にあるという．日高郡南部川村上南部字津殿では，ハチガワラとよばれる元埋め墓だったところがある．ここも，降雨のあるたびにはじき出されていたという．流路改修を行ない，そのときに，土地の人は自分の所有の水田の一角を埋葬墓地にした（野田，1958）．

　日高川の本流筋の例では，御坊市野口字北野口では，日高川の護岸堤防ができる前，野口橋の上流500mの川砂地に流葬形式の埋め墓が存在した．このように川砂地に埋葬墓地を設けるのは，川辺町上和佐や中津村などでも同様であった．そうして，降雨のたびに埋め墓は日高川本流へ流去されていたという（野田，1974）．

　このような和歌山県下の埋葬墓地の立地に注目し，調査を行なった野田三郎によれば，「埋葬地は意外に早く失われるような地形をえらんでいた例が実に多い．（中略）流路の傾斜面あるいは中洲に竹藪が叢生していて比較的安全と考えられやすい場所に埋め，何十年に一度あるかないかの洪水に洗い流されている」[4]と，その特徴をとらえている．

　この和歌山県日高川流域の事例の記述にある昭和28（1953）年の大水害とは，7月17日から18日にかけて，和歌山県中部を中心に山崩れ，崖崩れ，洪水を引き起こした紀州大水害で，和歌山県史上最悪の気象災害といわれているものである．山間部では24時間に500mm以上の雨量があり，死者615人，行方不明者431人，家屋全壊流失8,600余，被災者約24万人（28年9月和歌山県の資料による）で，特に有田川，日高川，熊野川の流域の被害は大きかった．日高川の水位は最大7m上昇し，設置されていた橋は上流から下流までほとんど流出した．貴志川も水位が約6m上昇した[5]．この大水害は特別であるが，紀ノ川や吉野川の事例では大水が起こると，そのたびに中洲や川砂地に設けられていた埋葬墓地が川に流されることが繰り返されてきた．それでも，人びとはまた同じ場所に遺骸を埋葬し続けたのであった．

　このような，奈良県吉野郡南大野の河川の中洲に設営される埋葬墓地の事例や，和歌山県日高川流域などのやはり河川の中洲や砂地の河原に埋葬墓地が設営

される背景には，強い死穢忌避観念が特徴的であると見て取ることができる．そして，そのような死穢の充満している埋葬墓地を洪水で流されることを覚悟して，もしくはそれを予測しながら，あえてそのような中洲や河原に埋葬墓地を設けているのであり，それは死穢や汚穢の処理の仕方としてときどき起こる大水や洪水を逆利用しているとも受け取れるのである．一方で悲惨な洪水や氾濫という災害であるが，他方でそれを汚穢の浄化のために逆利用している事例として，これら「流葬を伴う両墓制」の伝承は位置づけられるといってよい．

6.3 平安京と河原と墓所

(1) 河原の葬送地

近畿地方の農村で伝えられていた両墓制の事例の中には，このようにあえて河川の流域や中洲に埋葬墓地を設営して，洪水が起これば墓地ごと流されてしまうこともあるようないわば「流葬を伴う両墓制」の事例が確実にみられたのであるが，ではそれらの習俗は歴史的にみて，どのような文化的な文脈で理解される事象であろうか．両墓制という形態を生み出した観念の中に 10 世紀以降の平安貴族の極端な触穢思想からの影響があったことが明らかにされているが[6]，そうであれば，歴史的な参考枠として注目されるのは，そのような平安貴族の触穢思想を生み出した平安京の古代から中世への歴史情報である．

古代から中世の平安京では，鴨川や桂川の河原に墓所が設けられており，その事実についてはすでに大山喬平（1976）や網野善彦（1978）の言及がある．『続日本後紀』の承和 9（842）年 10 月 14 日条には「勅左右京職東西悲田．並給料物．令焼斂嶋田及鴨河等髑髏．惣五千五百餘頭．」とあり，嶋田と鴨の河原に散乱していた髑髏 5,500 余頭を，左右京職と東西の悲田（貧者や病人）に命じて料物を支給して焼骨収斂させたという．同 23 日条には「太政官充義倉物於悲田．令聚葬鴨河髑髏．」とあり，鴨河に散乱していた髑髏を悲田に命じて義倉物を支給して聚葬させた，すなわちひとまとめにして埋葬させたという．これらの記事により，1）貞観年間には，嶋田と鴨の河原とが髑髏の集積地となっていたこと，2）それらの河原は左右京職-東西悲田の管轄下にあったこと，が知られる．この時点では，3）嶋田と鴨の河原とは自然発生的に貧窮民たちの遺骸や髑髏の集積地となっ

ていたことはわかるが，4）まだそこが公認された葬送の地であるとの決まりはなかったと思われる．

それに対して，貞観13（871）年閏8月28日の『三代実録』の記事と『類聚三代格』に収める太政官符には，次のようにある．

太政官符

　定葬送并放牧地事

山城国葛野郡一處在五條荒木西里六條久受原里

　　四至東限西京極大路，西南限大河，北限上件両里北畔

紀伊郡一處在十條下石原西外里十一條下佐比里一二條上佐比里

　　四至東限路并古河流末，西南並限大河，北限京南大路西末并悲田院南沼

右右大臣宣偁．奉　　勅．件等河原．是百姓葬送之地．放牧之處也．而今有聞．

愚暗之輩．不顧其由．競好占営．専失人便．仍遣勅使．臨地検察．所定如件

者．事須国司屢加巡検．一切勿令耕営．若寄事王臣家．強作者禁身言上．百

姓者国司任理勘決．

但葛野郡嶋田河原．今日以往加功耕作為熟地．及紀伊郡上佐比里．百姓本自

居住宅地．人別二段已下者不在制限．

其四至之外若有葬斂者尋所由糺責．勤加検校不得疎略．

　　貞観十三年閏八月廿八日

つまり，これらの記事から以下のことがわかる．1）平安京の住民，京中百姓にとって，この 貞観13（871）年の時点で，洛外に大規模な葬送と放牧の地が公的に2カ所設定された．2）それは「山城国葛野郡一處在五條荒木西里六條久受原里」と「紀伊郡一處在十條下石原西外里十一條下佐比里一二條上佐比里」であった．3）しかし，この官符が発せられる以前からすでにその2カ所は「件等河原．是百姓葬送之地．放牧之處也．」となっていた[7]．この官符はそれを公的に認定したものであった．4）それは，無主の地である「件等河原」に対して，「愚暗之輩」が「不顧其由．競好占営．」という状況が起こってきていたからであった．つまり，無主の地であるその河原に対して，愚かな者たちが，その由来も顧みずに競って占有して耕作地にして使う，という状況が起こってきていたからであった．こうして，2カ所の

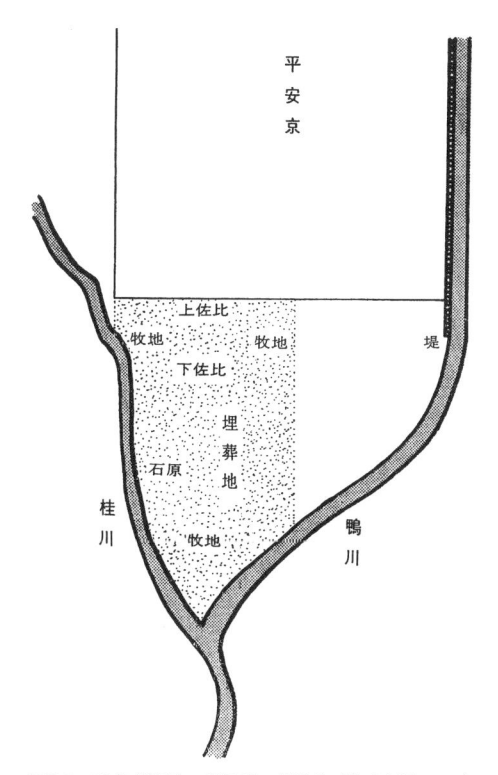

図6.5　平安京洛外の紀伊郡の葬送地 (岸元史明, 1974)

葬送の地が公認されたのに対して，5)古くから自然発生的に京中百姓の葬送の地
となってきていた葛野郡嶋田の河原はこれ以後は葬送地ではなく耕作地として活
用するという方針が示された．また，6)紀伊郡上佐比里はすでに百姓の住宅地と
なってきていたが，それはそのまま追認して，このときに定めた「四至」，つまり
「東限路幷古河流末，西南幷限大河，北限京南大路西末幷悲田院南沼」というその
四至の範囲の外であれば，「人別二段已下者不在制限.」ということとされた．つ
まり，東は大路と古い河の下流を限り，西南は大河を限り，北は平安京の南大路
西の末と悲田院の南沼を限るという，その四至の範囲の外であれば，人別に二段
以下なら制限は加えないとされたのである．

　以上をまとめると，承和9 (842) 年頃，洛中に近い嶋田や鴨の河原に自然発生
的にできてきていた京中百姓の葬送の地を封鎖して，貞観13 (871) 年頃，あら

ためて公認の葬送の地を，葛野郡の五條荒木西里六條久受原里（「東限西京極大路，西南限大河，北限上件両里北畔」の四至の範囲内）と，紀伊郡の十條下石原西外里十一條下佐比里一二條上佐比里（「東限路并古河流末，西南並限大河，北限京南大路西末并悲田院南沼」の四至の範囲内）という，その 2 カ所の河原の地に設定した，ということである．

(2) 洛外山間の葬送地

9 世紀から 11 世紀にかけての平安京の時代に営まれた葬送地とその立地について整理してみると，やはり第一に注目されるのは，洛中からみていずれも郊外の山間部に営まれた代表的で大規模な三つの墓地であろう．一つが鴨川を渡った先の洛東の東山山麓の鳥部野[8]，二つ目が洛北郊外の鮒岡山西麓の蓮台野[9]，三つ目が洛西から遠く離れた嵯峨の小倉山西麓の化野[10]，である．平安京が死穢を強く忌避する都城であったために，いずれも洛外に遠く離れて営まれており，その立地は山間地であった．これは，近畿地方の両墓制の事例が多い農村部でみたような墓地の設営の上での，1) 山間地，2) 平野部，3) 河川流域，という三つのタイプのうちでは，1) のタイプということができる．ただ，蓮台野や化野の場合にはその「野」という呼称からすれば，2) のタイプということもできようが，いずれも山麓の野であり，やはり 1) のタイプととらえておくほうが自然であろう．それに対して，2) のタイプも歴史上存在していたことが知られている．それは，鎌倉時代から室町時代にかけて，つまり平安中期から後期に非常に強かった摂関貴族の触穢思想の絶対的な権能が発揮できなくなった時代の到来の中での一つの変化の結果としてであった．平安京の洛中の市街地に墓地が少しずつ設営されるようになったのである．たとえば，考古学の発掘調査によって，左京八条三坊二町では，13 世紀後葉〜14 世紀後葉にかけて木棺墓，甕棺墓，土坑墓などからなる墓地が町の中央部に設営されていたことがわかってきている（定森，1985）．左京七条三坊の十から十五町の付近には東本願寺前古墓群とよばれる 200 基以上の土坑墓，火葬納骨墓，河原石の石積みの集石墓からなる墓地が成立しており，13 世紀後葉から室町時代の 15 世紀中葉まで，そうした状況がみられた（寺島，1984）．室町時代後期の墓地遺跡として知られているのが左京三条三坊十一町跡で，東西約 30 m，南北約 10 m 以上の範囲に土坑墓，火葬墓，集石墓が 100 基以

上存在していた. その土坑墓群の一画からは, 永禄元 (1558) 年銘の一石五輪塔が出土しており, その墓地の利用は 15 世紀中葉から 16 世紀にかけてであったことが推定される (松井, 1984). それは摂関貴族の触穢思想の影響力の衰退化に伴うものであり, 歴史的で現実的な変化であった. そして, それが決定的になるのが近世の京都においてであった[11]. しかしここで注目しておきたいのは, そのような歴史的な変化の中での墓地設営の在り方とは別に存在した, 3) のタイプの存在である. 前述のように 9〜10 世紀の平安京においては, 鴨川や桂川の流域の河原が京中百姓の葬送地とされていた. それについては自然発生的なかたちの承和年間の情報もあれば, 制度的な公認を行なった貞観年間の情報もあった. その 3) のタイプの意味について, ここで考えてみたい.

(3) 平安京の河原

古代中世の 10〜16 世紀にかけて平安京に世代をついで代々居住した大皇や貴族また武士, そして一般の京中百姓や町衆にとって, 鴨川や桂川の河原の意味は現実的にも印象的にも多様であったにちがいないが, そのような中でも平安京の河原の特徴とは何であったのか, それについて早くに注目したのは前述の大山喬平であった. 大山は前述のように鴨川の河原が葬送の地とされていた実情を指摘しながら, 河原に「古代国家の天皇とその都市を中心とするキヨメの構造」を読み取ろうとした. そして,「キヨメの構造の中心は天皇であった」として, 承和 11 (844) 年に鴨川の上流で遊猟の徒が屠割(とかつ)をしているのは鴨の上下大神宮を濫(みだ)りに穢(けが)しているとして禁止された事実 (『類聚三代格』) などに注目する. そして,『延喜式』神祇三臨時祭条に, 第一に「凡神社四至之内, 不得伐樹木, 及埋葬死人」, つまり, 神社の四至の内では, 樹木を伐ることも, 死人を埋葬することもしてはならない, とあり, また第二に,「鴨御祖社南辺者, 雖在四至之外, 濫僧屠者等, 不得居住」, つまり, 鴨御祖社の南辺は四至の外とはいっても, 濫僧(肉食, 妻帯の僧), 屠者 (屠殺する者) たちが住むことは認めない, とあるのに対して, 次のような理解を示している.

第一については, 庶民の間にはもともと神社の四至の内でも死者を埋葬してはばからないという習慣があったのに, それが王朝貴族の死穢の観念とはそぐわないものとして禁圧を加えられていったのだという. その大山のいう庶民感覚につ

いては，大山がこの前段で引用している『日本後紀』延暦16（797）年1月25日
条の「山城国愛宕葛野郡人，毎有死者，便葬家側，積習為常，今按近京師，凶穢
可避，宜告国郡，厳加禁断，若有犯違，移貫外国」という，庶民が死穢を特に忌
避していなかったという記事からの連想が考えられる．

　しかし，平安遷都以前の延暦16年の時点でその地域社会の習俗としてみられ
た家族を家の側に埋葬していたという習慣に対して，死者の埋葬は住宅から離し
て行なうようにという指令と，それから100年以上も経過した平安京の『延喜式』
が撰上される延喜年間（901〜923年）において，死者一般を神社の四至のうちに
埋葬しているということ，すなわちまだ人びとの生活空間に埋葬が行なわれてい
たという事実とはまったく別のことである．ケガレの観念をめぐっては時代の推
移と変化そして社会的背景の相違に注意する必要がある．

　第二については，鴨御祖社の南方で鴨川と高野川の合流する一帯は神社の四至
から外ではあっても，その河原一帯には獣物を解体処理する屠者やその獣肉を食
べる肉食妻帯の濫僧の居住を禁じるというものであり，そこに中世的な被差別身
分の原型が成立していたことを指摘している．そして，大山は，そうした被差別
身分の原型の成立に作用したケガレの観念について，従来の研究では「死を忌む
固有神道の思想」に基づくものとしていた観点を否定して，横井清（1975）や横
田健一（1969），高取正男（1968）を参照しながら，「王朝貴族の肥大化したケガ
レの観念，死穢過敏症が神と神の子である天皇に対する貴族の責任感に由来する
後来的なものであったことも高取が右の著述で明瞭に指摘するほか，かかる観念
の肥大化が律令制の解体過程の所産であること」と指摘している[12]．

　しかし，大山はこの「王朝貴族の肥大化したケガレの観念」という表現と同時
に「律令貴族の肥大化した観念」という表現も用いており，律令貴族と王朝貴族
という両者の区別について必ずしも明確ではない．ここで重要なのは，前述のよ
うに摂関貴族の触穢思想は古代律令国家体制の下では存在しなかったものであ
り，それは人類一般にあらゆる社会や文化で観察される死穢忌避の観念＝Aタイ
プのそれではなく，日本歴史の中で平安中期に形成された摂関政治というシステ
ムとその社会と文化の中で醸成された特別で特殊な死穢忌避の観念＝Bタイプで
あるという事実である．そして，それが律令制から摂関制への古代王権の転換の
中で出現した新たな国家体制を支える支柱の一つであったということが明らかに

されてきている[13]．この死穢忌避観念における A タイプと B タイプとの峻別と，B タイプとは歴史的かつ文化的に平安京の社会で醸成された観念であったという点をふまえることが重要である．

一方，平安京の河原の意味について，「無縁」の原理で解読していったのは周知のように網野善彦であった．網野は大山を引用しながら「河原は，まさしく賽の河原であり，「墓所」，葬送の地として，無縁非人と不可分の「無縁」の地であった．それ故にここは，古くは濫僧・屠者，中世に入ってからは斃牛の処置をする「河原人」「餌取」「穢多童子」，さらには「ぼろぼろ」など，「無縁」の人々の活動する舞台ともなったのである」と述べている（網野，1978）．そして，河原は交通とも深く関係があり，市の立つ場所でもあったことに注目している．大きな川の「中洲は河原，浜，境，坂などと同様」「人と縁の切れたもの―商品の交換される市の立つ場所となったのであり，やがてそこには都市が形成されてくる場合がしばしば見られたのであった」という（網野，1990）．

一方，紀州の熊野大社の旧社地が大斎原という川中島に存在したことや，尾張の津島天王社の立地の例などに注目して，川中島や中洲がしばしば「聖地」とされてきたのも「無主」の空間としての性格に由来することを，野本寛一（1990）を紹介しながら指摘し，また，博多の盛り場に中洲の地名があるように，「聖地」であり無主の「葬地」ともなりえた中洲が，のちに都市の中心としての盛り場となったことを，森栗茂一（1990）を紹介しながら指摘している．そうして，網野は，「中洲・河原・浜」が境界的な「無主・無縁」の特質をもっており，葬送の地とされたり飢饉に際しては餓死者が遺棄されたりする場所であると同時に，賤視される「河原者」の居住地ともなり，宿河原や河原宿という名が多いように，宿や市，町となって交通の要地として経済や芸能の生産性の豊かな場所ともなるとして，河原のもつ汚穢性と聖性と豊饒性とを「無縁」の原理で読み解いたのであった．

(4) 平安京と水資源

平安京は古代以来，中世，近世，近代，現代と長い歴史を重ねてきた日本の代表的な都市であり，多数の人口がその地で継続的に生活できるために必要であったものは何よりも恵まれた水資源でありその水利であった．洛東を流れる鴨川が

その中心であったが，飲料水をはじめとする生活用水はむしろ豊富な井戸水が多く利用されてきた．鈴木康久の『水が語る京都の暮らし─伝説・名水・食の文化─』(2010) は京都と水の歴史をよく整理した著作である．また，岸元史明の「平安京内の河川」(『平安京地誌』1974 年) は貴重な情報が広く収集整理されている．今それらを参考に以下の叙述を提示してみる．桓武天皇が何度も行幸した神泉苑は，南北を二条通から三条通まで，東西を大宮通と美福門通に囲まれた約 8 万 m^2 の広大な苑で，その中には豊かな湧水が広い池を作っていた．現在の神泉苑は約 7,000 m^2 と狭くなっているが，それは，江戸時代初期に徳川家康が二条城を築いて，神泉苑の水源の湧水を城内にとり込んだためである．ただし，現在も神泉苑の法成就池の水は二条城の御堀から流れ込む水と地下水によって満たされている状態ではある．歴史記録だけでは史実を確認することはできないが，平安京には古い由緒を伝える名水の井戸が多い．たとえば，御所の東の梨木神社の「染井」，丸太町通の南の下御霊神社の「御手洗水」，錦天満宮の「錦の水」，さらに南の市比賣神社の「天之真名井」など，いずれも古い由緒が語り継がれている名水である．そしてそれらは多くが神社や寺院の地にあることにも注目される．平安京にはこのような豊富な泉水があったと同時に，河川も多く流れていた．大内裏の東西に開削された東西の堀川や，そのほか，若狭川，大宮川，有栖川，今出川，高瀬川をはじめ，大小の河川，小川が南北に流れており，それらの中には大きな堀川のように物流のための運河の機能を果したものや，小さな川で市街地内の生活用水として洗い物の水や，中にはごみや汚物を流し捨てる役目を果していた川もあった．また，平安時代の貴族の食卓で好まれた鮎も堀川にはたくさんいたことが知られている[14]．平安京の特徴の一つとして，その扇状地としての地勢上の有利な条件からもたらされる，豊富な水資源の存在をあげることができるであろう．

　一方，鴨川はといえば，平安貴族にとっては大雨の季節には洪水と氾濫をもたらす危険な川でもあった[15]．『平家物語』巻一 (願立) にも，「賀茂河の水，双六の賽，山法師，是ぞわが心にかなはぬもの」という白河院の言葉が伝えられているとおりである．その院政の時代より前の摂関期の『和泉式部日記』にも，降り続く五月の大雨で大水となった鴨川におおぜいの人びとが見物に行っているなか，帥宮敦道親王 (和泉式部の新たな恋人で冷泉天皇第四皇子) も，「水見になむ

行きはべる」といって，その大水を見物に行き，「大水の岸つきたるにくらぶれど深き心はわれぞまされる」，鴨川の氾濫で大水が岸につくほど危険になっているのにくらべても，その深さでいえば，私のあの人を思う心の方がずっとまさっているのですよ，と詠んでいる情景が描かれている．そして，その帥宮への届かぬ思いに悩む和泉式部は，「ふれば世のいとど憂さのみ知らるるに今日のながめに水まさるらむ」と詠み，「待ちとる岸や」と問いかけている．つらいことばかり次々と知らされるので，今日の長雨で水が増して，いっそ私を流してしまってほしい，私を救いあげてくれる彼岸はあるのでしょうか，というのである．また，鎌倉期の鴨長明の『方丈記』の書き出しは有名な「ユク河ノナガレハ，絶エズシテ，シカモモトノ水ニアラズ」という一節から始まる．鴨川は平安京の人たちにとって流れの絶えない清流であり，かつ大水で洪水の危険をもたらす川でもあり，心情的には憂さを流してくれる川でもあったといえよう．

　そしてもう一つ，鴨川の大切な役目は禊ぎの川でもあったということである．『日本紀略』の嵯峨天皇の弘仁五年六月十九日条には「禊於鴨川，縁神祇官奏也」とあるのが早い例である．仁明天皇からその後の歴代天皇は即位に当たって二条以北の鴨川の河原で禊ぎを行なったと伝えられている（鈴木，2010）．鴨川の禊ぎの伝統は，いまも伝承の多様性の中で祇園祭にも伝えられている．神輿洗いの神事である．7月17日の山鉾巡行と神輿渡御に先立つ7月10日と，24日の神輿の還幸祭が終わった後の28日と，2回行なわれている．早朝，鴨川に架かる四条大橋の下流にある宮川堤で六つの桶に汲み上げた「神事用水」を八坂神社の神職が祓え清める．そして，夕方に三基の神輿を代表して担ぎ出された中御座が四条大橋の中央北側で，早朝に鴨川で汲まれた「神事用水」を榊の枝に含ませて神輿へ注いで祓え清めるのである．その周囲は飛沫を浴びて厄除けを願う人たちであふれる．井上頼壽の『京都民俗志』（1933年）には，社家の説ではむかしは宮川町1丁目の南座の南1町ばかりの川端民家の井戸の水を用いる例になっていたとか，神輿洗いは明治時代には川端四条を下った所で南座の西で行なっていたとか，という伝承を記しており，時代による変化も多かったことが知られる．

(5) 鴨川と河原町

平安京の河原や河川が，もともと「公界」であり「無主」の地であったこと，

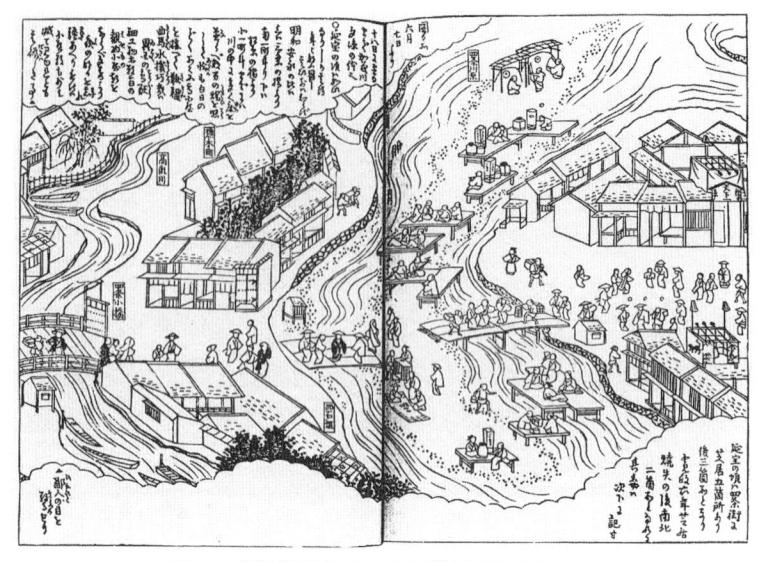

図6.6　「扁額軌範」鴨川の図（『新修京都叢書』8）

それが次第に私的な利用の対象となっていくという変化について追跡した高橋康夫「水上空間に利用をめぐって」（『絵が語る洛中洛外』，1988年）では，享徳4（1455）年6月の文書で，祇園社犀鉾の神人の目安（訴状に対する返答）の記事によって，以下のことがわかるという．1）洛中の道路敷を流れる河川の上の空間は「公界の街道」すなわち「無主」「無縁」の場である．2）その「公界の街道」たる河川の上の空間に対して，個人が茶屋を建てるなどして占有使用するときには，河川の用水の利用に対して一滴たりとも迷惑をかけてはならず，その用水の利用者の了解を得る必要がある．3）私的に占有された河川の上の空間は「巷所」（もともとは街路だった宅地や耕地）とみなされたらしい．そうした「巷所」化していった水上空間が「地利」を生む可能性のある「屋地」へと姿を変えて，河川の周辺に所領を有する権門貴族が，水上空間を自らの所領の延長として囲い込み，そこに建てられた町屋から「家賃」や「地子銭（空間利用代金）」を代償として支払うことにより，その利用が反社会的な私的占有ではなく社会的に公認された空間利用となっていったというのである．

　ここでふたたび，6.3節（4）でもとりあげた鈴木康久の前掲書をも参考にしな

がら，鴨川と河原町の成立について整理してみよう．氾濫を繰り返し，川と人との住み分けができなかった鴨川において，堤防が明確になり「河原町通」ができたのは江戸時代初期と考えられる．戦国時代の京都を描いたとされる『中昔京師地図』には，「京極」「東朱雀」と鴨川のあいだには「川」とあり，2軒の民家が描かれているだけである．それに対して，寛文年間 1665 年の『京童』巻七には，「荒神町のひがしの辻より南をさして町あり川原町通といふ　二條より下にては角倉通といふ　此筋に角倉が家ある故也」とあり，河原町通ができていたことがわかる．江戸時代の鴨川の河原の賑わいぶりを示すのは，たとえば「扁額軌範」に描かれた鴨川の図である．6月7日から 18 日までの川床の店の風情などが描かれており，「延宝の頃ハ四条街に芝居五箇所あり　後三箇所となり　寛政六年芝居消失之後南北二箇所となれる」などと記されている．江戸後期の享和 2（1802）年に京都を訪れた滝沢馬琴の『羈旅漫録』には「四条には義太夫或は見せもの等いろいろあり　二条河原には大弓・楊弓・見せ物もあれど四條尤にぎはへり」と記されている．

　2013（平成 25）年の台風 18 号に伴う豪雨によって京都では桂川沿いの嵐山地区で浸水家屋 93 戸，浸水面積約 10 ha の大被害を受けた．一般の民家はもちろんだが，渡月橋周辺の土産物店や旅館や休憩所などが大きな被害を受けて，その生々しい様子がテレビや新聞，雑誌などで報道された．都市の河原やその周辺は，景観的にも魅力的であり，経済的にもたいへん恵まれた立地で，おおぜいの人たちが集まる場所であり，商売繁盛，飲食や芸能の魅惑的な繁華街，猥雑な危険と好奇の場所というさまざまな意味で活気ある場所である．しかし，一旦大雨と洪水に見舞われれば，氾濫と荒れ狂う濁流がすべてを流してしまう危険な場所でもある．その危険を覚悟で，防水防災の対策を積み重ねながら，人びとは河川の流域に都市をつくりそこで活発な経済活動を営んできているのである．

6.4　賀茂川をめぐる民俗伝承

（1）汚穢忌避の過去と現在

　現在でも，京都市北部の賀茂川の上流では，「賀茂川から御所の水を引いているから，汚さないようにしている」と言い伝えられている．賀茂川には，静原川

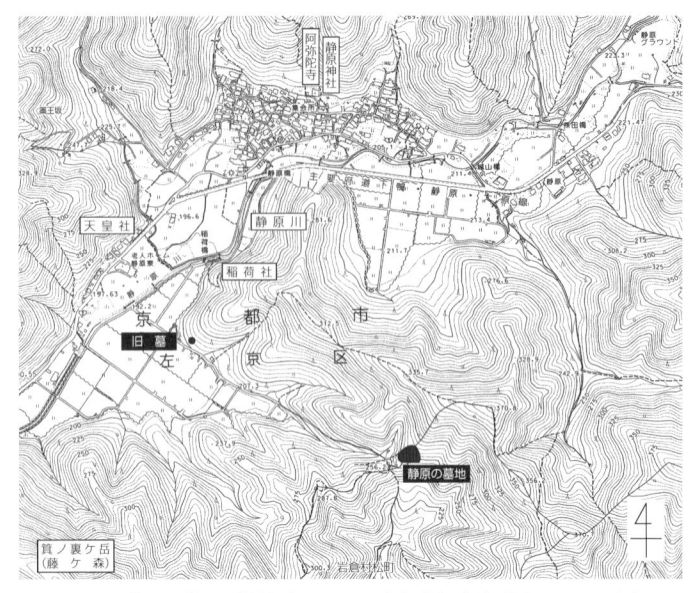

図 6.7　静原の墓地の位置（1：10,000 京都市都市計画図 19 の 3 より）

図 6.8　静原川

人びとはこの川を汚さないようにしている．（2015 年，筆者撮影）

や鞍馬川，高野川などの支流が合流するが，その賀茂川の上流に位置する，左京区静市静原（旧愛宕郡静原村），北区雲ケ畑，そして鞍馬の事例をみてみる[16]．

図 6.9 岩倉との分岐点にある静原の墓地（2015 年，
筆者撮影）

〈事例 1〉静原川（下流で鞍馬川へそして賀茂川へと合流）が流れる京都市左京区
静市静原

　静原の集落内を流れる静原川はやがて賀茂川に合流する．西村昭信氏（1937
（昭和 12）年生まれ）によれば，賀茂川から御所の水を引いているから，静原の
人たちの間ではむかしから川を汚さないようにという規範が伝承されており，実
際にそのようにしてきたという．静原には裏の谷，寺谷，水谷の三つの谷川があ
り，それが集落の中を流れる静原川に流れ込む．三つの谷川には「洗い場」があ
った．その洗い場で野菜を洗ったり，カシワ（鶏肉）をさばいたりするときにそ
の洗い場が使われた．また，猪や鹿を捕ると血を流してきれいにするために 3 日
間くらい川の水につけていたものだが，流れにそって 10 頭ぐらいつけていること
ともあった．水につけたほうがおいしくなるといっていた．しかし，赤ん坊のお
しめを川の水で洗うことは決してなかった．

　この静原では墓地の立地に特徴がある．集落の外れのすい坂峠にある静原と岩
倉との分岐点に埋葬墓地が設けられている．斜面の岩倉寄りに墓地が設けられて
いるため，地下水で，賀茂川に流れ込む静原川の水を汚すことがない立地が選ば
れているのである．1965（昭和 40）年前後まで土葬が行なわれていた．この墓地
に上がる山のかかりのトドケ谷とよばれる場所に旧墓とよばれるオガミバカ（拝
み墓・石塔墓地）があった．現在は放置されているが，これは地下水が賀茂川に
流れるところに位置している．静原ではかつては典型的な両墓制の景観がみられ
たことがわかる．

〈事例 2〉 賀茂川の源流域の京都市北区雲ケ畑

　雲ケ畑は，出谷町 15 軒，中畑町約 25 軒，中津川町約 30 軒の三つに区分され，賀茂川に沿って長く伸びている集落である．久保常次さん（1938（昭和 13）年 7 月生まれ）によると，雲ケ畑は賀茂川の源流に位置するため早くから火葬が行なわれていた．村内に死者が出ると，自宅から集落の外れの白梅橋を渡ったところにあるお別れ地蔵（六体地蔵）まで野辺送りをし，最後の別れをすると，喪主も親類縁者もそこで若中にすべてをまかせる．若中が持越峠の「焼き場」まで約 20 分ほど急な坂道を登って棺を運んでいった．焼き場は，持越峠の分水嶺の西側で真弓（北区真弓八幡町）の集落寄りに位置している．「賀茂川の水が御所に入っているので，こっちで焼くと賀茂川に流れ込む，賀茂川を汚すといけない」というので，分水嶺を越え，清滝川水系に属する真弓寄りに焼き場があるというのである．火葬用の炉には屋根があり，下に木炭（俵炭 3 俵）を置き，棺をのせると，その後ろと横に 1 m くらいの薪をびっしり詰めて火葬にした．この若中による持越峠の焼き場での火葬は 1963（昭和 38）年頃まで行なわれていた．

　久保さんは子供の頃，川の中でオシッコをしたら父親にきつく叱られたという．雲ケ畑の人たちはおしめは決して川で洗わず，盥で洗っていた．雲ケ畑は御猟場だったが，ここでも先の静原と同じように猟をすると，獲物の猪を川につけていた．火葬場は分水嶺の向こう側に設けられており，おしめなども決して川では洗わないが，鹿や猪などの獣物の血抜きや貯蔵では川の水を利用しており，それは河川を汚すこととは考えられていなかったのである．現在でも川を汚さないように気をつけており，家の生活用水はそばを流れる賀茂川に水門を設けて下流にはきれいな上澄みの水だけが流れるようにしている．ただこのごろは，ザッと直接いってる（水を流している）家もあるが，久保さんはやはり「一旦（水を）土手に落としている」という．

〈事例 3〉 鞍馬川（賀茂川へ合流）が流れる京都市左京区鞍馬

　鞍馬，貴船，二の瀬，野中，市原野の五つの集落は，市原野にある補陀落寺（天台宗）の共同墓地を利用している．その墓地は賀茂川に合流する鞍馬川の側ではなく，そこから分水嶺を越えて高野川に水が流れていく位置にある．岸本幸太郎さん（1946（昭和 21）年生まれ）が 1912（明治 45）年生まれの父親から聞いていた話としては，鞍馬ではもと地蔵寺に土葬（埋葬）をしていたが，その後現

在の鞍馬小学校の校庭になっている場所に埋葬するようになった. さらにその後, 市原の補陀落寺に埋葬するようになった.「御所に水(鞍馬川はやがて賀茂川へと合流する)がいってるから, 墓を移した」という. また,『鞍馬校百年誌』(鞍馬小学校百年誌編纂委員会編, 1975 年)によれば, 1900 (明治 33) 年に元の鞍馬の共同墓地跡が鞍馬・二の瀬・貴船の 3 つの集落で建てる小学校の敷地となったが, この「二ノ瀬の東北端の広久保山の北隅は, 古く鞍馬村が買い求めて共同墓地としていましたが, 鞍馬川沿岸にあったので, 昔所司代板倉勝重は, 鴨川は鞍馬口にある水路に依って宮廷に流れて使用されるため不潔として, 以北の支流沿岸の墓地の移転を要請し, 鞍馬は寛永末年に市原村に移して以後は長く放置されて荒蕪にまかせていました」とある. このように墓の移転が賀茂川との関係で言い伝えられてきているのが特徴である.

鞍馬川は, 二の瀬駅手前の打合橋(うちあいばし)のところで, 静原川と合流し, 鞍馬川として下流に向かう. そして鞍馬川は, クリーンセンターの近くの十三石橋で賀茂川と合流し, 賀茂川として下流に流れていく. そのため, 鞍馬では鞍馬川(やがて賀茂川になる)を汚さないように, 長代川(ちょうだいがわ)(やがて岩倉川になる)のほうに墓地を作ったことになる. 長代川は, 宝ヶ池(たからがいけ)プリンスホテルのところで岩倉川と合流し, 岩倉川として下流に向かい, やがて高野川へと合流する. 賀茂川の御所への取水口は上賀茂神社あたりにあり, 高野川と賀茂川が合流する下鴨神社あたりはすでに洛外であるため問題ないのである.

(2) 時差を含む立体的な歴史世界

このように京都市北部, 賀茂川の源流では, 複数の集落において「賀茂川から御所の水を引いているから, 川を汚さないようにしている」という根強い伝承が, 河川の水の利用や墓地の立地に具体的に反映されていることが注目される. 民俗は歴史の投影であるという観点に立つのが民俗学, 民俗伝承学である. 鴨川をめぐる浄穢観念の伝承には以上のように, 平安京以来の歴史の投影をみることができるのである. そして, 注目されるのは人間の死穢と汚物(おむつの洗濯や排尿など)は極力避けて堰止めた水の上澄みを下流に流すなどの配慮がなされながらも, 鶏肉をさばいたり狩猟の獲物の鹿や猪を川につけておくことへの抵抗感はないという点である. 人間の死穢や汚物と, 狩猟獣物の獣肉の扱いとは意識の上で

まったく別と考えられている事例の一つといえる．近年は肉食禁忌の歴史をめぐる歴史学と民俗学の研究が進んでおり（平林，2007；新谷，2009；2013），その中でたとえば承和11（844）年11月4日付の太政官符に「応禁制汚穢鴨上下大神宮辺河事，（中略）鴨川之流経二神宮，但欲清潔之，豈敢汚穢，而遊猟之徒就屠割事，濫穢上流，経触穢神社，因茲汚穢之祟屢御卜」とある記事などが注目され，それ以降，獣肉や獣血が神域を穢すものと考えられるようになるという変化が指摘されているが[17]，この京都市北部の賀茂川の源流域に伝えられている民俗伝承は，そのような平安京の摂関貴族の間で肉食禁忌が歴史的に形成される以前まで存在していた肉食習慣の時代の獣肉感覚を伝えている歴史的展開例と位置づけることができる．それは，たとえば畿内近国の神社祭祀では伝承されていない獣肉の神饌の習俗が，九州地方山間部の椎葉神楽や諏訪大社の御頭祭などでは現在も伝承されていることとも共通する歴史民俗情報といってよい．生活文化変遷の歴史的事実は，地域ごとに事例ごとに，時差を含みながら立体的な歴史変遷をたどっているのである．

6.5　中洲の危険と活用
―広島県旧加計町の事例から―

(1) 山間地の町場と水害

ここまで都市と河川の例として，平安京の事例を概観してみてきたのであるが，もう一つ，地方の町でそのような川の中洲の利用の事例をみてみよう．広島県山県郡旧加計町（現安芸太田町）の中心の町，加計は，中国山地から瀬戸内海へと流れる一級河川太田川とその支流の滝山川，丁川などが合流する地点に位置している．江戸時代から，薪炭・木材業，砂鉄を用いたたたら製鉄の流通の中心地として栄えてきた町である．加計にはたたら製鉄の鉄山師，加計家（屋号隅屋）があり，大きな経済力をもっていた．そして，1878（明治11）年に郡役所が置かれるなど公共機関も設置され，広島県芸北地方における政治，商業の拠点となっていた．

2014（平成26）年の現在ではもう加計の町には西北方から流入する太田川の支流の滝山川の上流に温井ダムが建設されるなどして川の水量が激減してしまっているが，その2001（平成13）年の温井ダム完成以前には，四方を急峻な山に囲ま

れた加計の町では大水害が頻発していた．寛政 8（1796）年の災害を伝える絵図
（加計隅屋蔵）や，弘化元年（1844）の水害の記録などが残されているほか，近代
以降も，1873（明治 6）年 5 月の大洪水，1923（大正 12）年 6 月 21 日の大豪雨，
1941（昭和 16）年 3 月 27 日の大嵐，1943（昭和 18）年 9 月 20 日の風水禍（7 月
にも）などが頻繁に加計の町を襲っていた．1945（昭和 20）年の災害はことに甚
大で，加計町では津浪・上調子・鮎ケ平・上原・安中の道路や屠場橋などが大
きな被害を受けたことが記憶されている．その後も 1950（昭和 25）年のキジア台
風，翌 1951（昭和 26）年 10 月のルース台風，1954（昭和 29）年の風水害も甚大
であった．近年でも，1972（昭和 47）年 7 月，1988（昭和 63）年 7 月の集中豪雨
で，加計の町は大災害にみまわれた（加計町，2000）．

（2）中洲の利用

　その太田川の中洲に「中の市場」があった．そして支流の滝山川の中洲，現在
の町民センターがある中洲にはかつて牛の屠殺場と家畜保健所があった．田の耕
作で使わなくなった牛を食肉用としてそこに出荷していた．昭和 20 年代から 40
年代にかけて，中洲の屠殺場で牛の屠殺が行なわれて，その牛肉はそばの中洲の
橋（「屠場橋」）の横の肉屋で売られていたことが記憶されている．加計町の屠殺
場の歴史を追ってみると，まず 1898（明治 31）年に加計町遅越に屠牛場が造られ
た．それが 1909（明治 42）年にこの中洲の中祖（現在の巴町）に移転した．以
後，同地において屠殺場が維持されていった．その中祖における屠殺場の 1928
（昭和 3）年の写真をみると，木造平屋の簡単な造りの建物であることがわかる．
それが，1965（昭和 40）年 7 月に鉄筋コンクリート造りの近代的な建物に建て替
えられた．『広報かけ』170 号（昭和 40 年 9 月 10 日）には，「衛生的に近代化され
た屠畜場が完成」とあり，従来の屠殺場は木造平屋建てで，すでに 50 年を経過し
て老朽化していたこと，新たに完成した加計屠畜場は，屠畜室本館が鉄筋コンク
リート造りで 95.12 m²，屠場新築によりその処理能力も高くなり，大家畜は一日
10 頭が可能であることなどが写真とともに記されている．

　現在では，この中洲の敷地に屠殺場はすでになく，1963（昭和 38）年に建て
られた「一切畜類蚕魚家禽」と記す供養碑が残されているだけである．その屠殺場
は大水が出るとそのたびに洪水で流されていたことが記憶されている．「温井ダム

（2001（平成13）年完成）ができてからは洪水がなくなったが，それ以前はよく洪水があった．そのたびに屠殺場の周辺はよく水没した．47災害（昭和47年の大洪水）では，肉屋のトラックが流されたのを見た」という（佐々木克己氏（1937（昭和12）年生まれ））．この中洲の屠殺場は洪水や災害を覚悟の上で同じところに再建されていた．屠殺の作業に豊富な水が必要であるというのはもちろんであるが，加計町ではこの中洲が一方では町のセンターでもあり，人びとがおおぜい集まる公共的な空間でもあった．現在この中洲に，体育館と蛍の館とよばれる公共施設の町民センターが設営されていることと，「一切畜類蚕魚家禽」の供養碑が建てられていることとは，まさに網野善彦が指摘している河川の中洲のもつ，「無縁」「公界」の性格，つまり豊饒性と危険性と併含する場としての性格を表わしている一事例と位置づけることができる．大水で流されるのがわかっていても，戻ってきてしまうのは，その地の利用が有利であり，経済的な魅力があるから，儲かるからである．この加計の屠殺場の事例は地方の町の一つの事例ではあるが，平安京の鴨川の河原の「無縁」「公界」の原理に通じる性格のものといってよかろう．災害の危険と経済的な魅力という点からみれば，先に紹介した山口弥一郎の東北地方の津浪被害にあった漁村の人たちの例にも通じるところがある．危険性の認識と経済的な欲望との併存という関係性という点ではそれらは共通しているといってよい．

6.6 論　　点
―災害論と生活論と―

　河川と洪水や氾濫という災害を例に，大雨が降るたびに災害が予想されるような河原で，その危険を覚悟の上で生活が営まれているという事実を追跡してみた．一つは，近畿地方の両墓制の事例の中の特に河川流域や中洲に流失することを覚悟し予想した上で設営されていた埋葬墓地の事例である．二つ目には，先行研究に学びながら平安京の河原が「無主」「無縁」の原理によって洪水と氾濫の場所でありながらも同時に，葬送地とも繁華街とも経済流通拠点とも公的場所ともなってきたという歴史を追ってみた．三つ目には，地方の小さな町場でもその平安京と相似した河川の洪水と氾濫という危険性の中に流通生産と公共性の場という併存の関係性が見出せる事例が存在するということを考えてみた．そこからみ

えてきたのは，二つの論点である．第一に，災害の危険と経済的魅力の矛盾しながらも継続し続ける相互関係の存在とその伝承力である．そして第二に，生活上の必然である汚穢の蓄積を氾濫と洪水という自然災害の掃除と浄化の機能を利用して生活世界のリセットをするという逆利用の発想の存在である．そして，その伝承力が注目されたのである．

ここで論点を災害の記録と記憶というテーマからまとめておくならば，そのような伝承力への注目こそが，民俗学や歴史学という人文社会科学の研究視界を広げてくれるのではないかという提案である．これらの事例の共通の特徴は，災害を受けても再び同じ場所に復帰していく，その繰り返しという営為にある．災害被害はできるだけ事前に予防して悲劇を繰り返さないようにする，というのが現代日本の「常識」である．しかし，人間の生活欲，経済的欲求，金儲けへの欲望や，またその一方での死穢忌避や汚穢忌避の感覚世界においては，その「常識」が通用しない事例が存在しているのである．本稿の災害論・試論は，災害を負の側面だけで論じる「常識」の視点を一旦差し置いてみてはどうかという提案でもある．一般社会的視点からすれば危うい提案ではあるが，自然災害という不可避的な現実に向かう人間の姿勢を「非常識」とは位置づけずに，その必然的な自然災害を逆にむしろ正の側面からとらえて，危険覚悟の上で時限的な状況を覚悟した上での活発な経済活動と，自然災害を逆利用する発想が存在する，という伝承に注目したものである．圧倒的な自然の威力に対する対応不可能な「防災」ではなく，人為的に可能なことを積み重ねてきた先人たちからの民俗伝承に学ぶ「対災」という語でよぶべき営みへの注目であり，学術的，探求的な立場からのいわば「自然人間災害関係論」へ向けての姿勢も必要ではないかと考えての提案でもある．

注

1）川島秀一（2012），東北学院大学震災の記録プロジェクト金菱清（ゼミナール）編（2013）．
2）元文から安永年間に福山藩士宮原直倁によって書かれた地誌．
3）新谷尚紀（1991）（2005）ほか．
4）野田三郎（1974），p.204
5）野田三郎（1974），p.207
6）新谷尚紀（1991），関沢まゆみ・国立歴史民俗博物館編（2015）など．

7) 貞観11（869）年12月8日の記事には佐比大路の南極橋のところに「九原送終之輩，更留二柩於橋頭」と，遺体を納めた柩を置いている記事がある．

8) 角田文衞（1984）鳥部山と鳥部野—平安時代を中心として—．王朝文化の諸相（角田文衞著作集4），法蔵館，山田邦和（2009）京都都市史の研究，吉川弘文館，紫式部『源氏物語』葵「かひなくて，日頃になれば，いかがはせむとて鳥べ野にゐたてたてまつるほど」，卜部兼好『徒然草』第七段「あだし野の露きゆるときなく，鳥部山の烟立ちさらでのみ住みはつる習ひならば，いかに，もののあはれもなからん」などが知られている．

9) 西行『山家集』中「露と消えばれんだいのにをおくりおけねがふ心を名にあらはさん」，卜部兼好『徒然草』第一三七段「鳥部野・舟岡，さらぬ野山にも，送る数多かる日はあれど，送らぬ日はなし．されば棺をひさくもの，作りてうち置くほどなし」．

10) 『源氏物語』手習「あだしのの風になびくな女郎花われしめゆはん道遠くとも」，『徒然草』第七段「あだし野の露ゆる時なく，鳥部山の烟立ちさらでのみ住みはつる習ひならば，いかに，もののあはれもなからん」などによって知られている．

11) 『類聚名物考』凶事四，葬所，総墓「古へ京都にては，今の如くに寺々のうちに葬る事はなくて，葬所といふ有て，そこにすべて葬せし也．そこを鳥部山，鳥べ野などとはいへり」．高田陽介（1991）境内墓地の設営と触穢思想．日本歴史　**456**，新谷（1991）．

12) 大山喬平（1976），p.284.

13) 岡田荘司（1994）において旧来の律令制下の「律令祭祀制」の解体から新たな摂関制下の「平安祭祀制」の形成が明らかにされているが，そこから新谷（2009，p.155）は律令制下の天皇の「政治王と祭祀王」という王権の二重性からの脱皮と，新たな「祭祀王」への純化へという変化，さらに天皇祭祀と摂関政治とが相互に補完し合う関係にあったことを指摘し，明らかにしている．

14) 『三代実録』貞観八年（866）六月二十八日条には「是月，天下大旱，民多飢餓，東堀川多鮎魚，京師捕嚾」とある．

15) 『三代実録』『類聚三代格』の貞観三年（861）三月十三日に「応停防鴨河葛野河両使隷国司」とあり，鴨河と葛野河の防災司が任命されていたことがわかる．『本朝世紀』天慶二年（939）五月二十七日条にも「自賀茂下社，至于韓橋北辺，有巡検事，於三條末鴨川辺，所司立幄設饗饌」とあり，鴨河の巡検を行なったことが記されている．『百練抄』安貞二年（1227）七月二十日条には「洪水泛溢，四條，五條等末橋流了」とあり，洪水で橋が流されたことがわかる．

16) 京都府愛宕郡役所編纂（1910）京都府愛宕郡村志に，雲ケ畑村（pp.290），静市野村（pp.414-415），鞍馬村（p440）についても同様の記述がみられる．また，中村治（2014）京都洛北静原，大阪公立大学共同出版会，p22においてもふれられている．

17) 新谷（2009），pp.165-169，新谷（2013），pp.28-35.

参考文献

網野善彦（1978）無縁・公界・楽—日本中世の自由と平和—，平凡社．

網野善彦（1990）歴史と自然・河海の役割—『そしえて21』発刊によせて—．そしえて1（網野善彦著作集12，岩波書店（2007）．

石井正巳・川島秀一 編（2011）津浪と村，三弥井書店.

井上頼壽（1933）京都民俗志，岡書院.

宇智吉野郡役所 編纂（1891）吉野郡水災史.

大山喬平（1976）中世の身分制と国家〈岩波講座日本歴史 8〉，岩波書店.

岡田荘司（1994）平安時代の国家と祭祀，続群書類従完成会.

加計町 編（2000）加計町史—民俗編—，加計町.

川島秀一（2012）津波のまちに生きて，冨山房インターナショナル.

岸元史明（1974）平安京地誌，講談社.

故実叢書編集部（1993）『中昔京師地図』改訂増補〈故実叢書 38〉，明治図書出版.

定森秀夫 編（1985）平安京左京八條三坊二町—第二次調査—. 平安京跡研究調査報告，第 16 輯，京都，古代学協会.

新谷尚紀（1991）両墓制と他界観，吉川弘文館.

新谷尚紀（2005）分析概念と村落民俗誌—「当屋制」と「両墓制」：奈良県都祁村吐山の事例より—. 柳田民俗学の継承と発展—その視点と方法—，吉川弘文館.

新谷尚紀（2009）伊勢神宮と出雲大社—「日本」と「天皇」の誕生—，講談社.

新谷尚紀（2013）ケガレの構造〈岩波講座日本の思想 6　秩序と規範〉（苅部　直ほか 編），岩波書店.

鈴木康久（2010）水が語る京の暮らし—伝説・名水・食の文化—，白川書院.

関沢まゆみ・国立歴史民俗博物館 編（2015）盆行事と葬送墓制，吉川弘文館.

高取正男・橋本峰雄（1968）宗教以前，日本放送出版協会.

高橋康夫（1988 年）絵が語る洛中洛外，平凡社.

竹沢尚一郎（2013）被災後を生きる—吉里吉里・大槌・釜石奮闘記—，中央公論新社.

田中重好・舩橋晴俊・正村俊之 編著（2013）東日本大震災と社会学—大災害を生み出した社会—，ミネルヴァ書房.

寺島孝一 編（1984）平安京左京三条三坊十一町. 平安京跡研究調査報告第 14 輯，古代学協会.

東北学院大学震災の記録プロジェクト金菱清（ゼミナール）編（2013）千年災禍の海辺学—なぜそれでも人は海で暮らすのか—，生活書院.

トム・ギル，ブリギッテ・シテーガ，ディヴィド・スレーター 編著（2013）東日本大震災の人類学—津波，原発事故と被災者たちの「その後」—，人文書院.

中川喜雲（1967）京童・京童跡追・京雀・京雀跡追〈新修京都叢書 1〉，臨川書店.

野田三郎（1958）続・紀伊日高の両墓制，地方史研究，**8**(3).

野田三郎（1974）流葬を伴う両墓制について—紀伊日高川を中心に—，日本民俗学，**93**，pp.54-60.

野田三郎（1974）日本の民俗　和歌山〈日本の民俗 30〉，第一法規.

松井忠春（1984）平安京押小路殿跡第二次調査. 平安京跡研究調査報告第 12 輯，押小路殿跡・平安京左京三条三坊十一町所収，古代学協会.

横井　清（1975）差別と触穢思想，中世民衆の生活文化Ⅲ，東京大学出版会.

横田健一（1969）日本古代の精神生活—神々の発展と没落—，講談社.

野間光辰 編（1968）寶永花洛細見圖・扁額軌範・花洛繪馬評判〈新修京都叢書 8〉，臨川書店.

野本寛一（1990）熊野山海民俗抄Ⅱ〈民俗文化 2〉，近畿大学民俗学研究所.

平林章仁（2007）神々と肉食の古代史，吉川弘文館．

広島県草戸千軒町遺跡調査研究所 編（1983）草戸千軒町遺跡―発掘調査十年の成果（開所十周年記念）―．

森栗茂一（1990）墓場と盛り場〈民俗文化 2〉，近畿大学民俗学研究所．

和歌山県 編纂（1963）和歌山縣災害史，和歌山県．

事項索引

遺 跡 索 引

編者略歴

樋口　雄彦
（ひ　ぐち　たけ　ひこ）

1984 年　　静岡大学人文学部卒業

2007 年　　大阪大学で博士（文学）取得

現　　在　　国立歴史民俗博物館研究部教授

著書に『沼津兵学校の研究』吉川弘文館（2007）などがある.

国立歴史民俗博物館研究叢書 6

資料が語る災害の記録と記憶　　　　　　　定価はカバーに表示

2019 年 3 月 15 日　　初版第 1 刷

編　者　樋　口　雄　彦

発行者　朝　倉　誠　造

発行所　株式会社　朝　倉　書　店

東京都新宿区新小川町 6-29

郵 便 番 号　　162-8707

電　話　03（3260）0141

Ｆ Ａ Ｘ　03（3260）0180

http://www.asakura.co.jp

〈検印省略〉

教文堂・渡辺製本

国立歴史民俗博物館監修

歴 博 万 華 鏡 （普及版）

53017-9 C3020   B 4 判 212頁 本体24000円

国立で唯一，歴史と民俗を対象とした博物館である国立歴史民俗博物館（通称：歴博）の収蔵品による紙上展覧会。図録ないしは美術全集的に図版と作品解説を並べる方式を採用せず，全体を5部（祈る，祭る，飾る，装う，遊ぶ）に分け，日本の古い伝統と新たな創造の諸相を表現する項目を90選定し，オールカラーで立体的に作品を陳列。掲載写真の解説を簡明に記述し，文章は読んで楽しく，想像を飛翔させることができるように心がけた。巻末には詳細な作品データを付記。

前歴博 小島美子・前慶大 鈴木正崇・
前中野区立歴史民俗資料館 三隅治雄・前国学院大 宮家　準・
元神奈川大 宮田　登・中部大 和崎春日監修

祭・芸能・行事大辞典
【上・下巻：2分冊】

50013-4 C3539   B 5 判 2228頁 本体78000円

21世紀を迎え，日本の風土と伝統に根ざした日本人の真の生き方・アイデンティティを確立することが何よりも必要とされている。日本人は平素なにげなく行っている身近な数多くの祭・行事・芸能・音楽・イベントを通じて，それらを生活の糧としてきた。本辞典はこれらの日本文化の本質を幅広い視野から理解するために約6000項目を取り上げ，民俗学，文化人類学，宗教学，芸能，音楽，歴史学の第一人者が協力して編集，執筆にあたり，本邦初の本格的な祭・芸能辞典を目指した。

東京都江戸東京博物館監修

大 江 戸 図 鑑 ［武家編］

53016-2 C3020   B 4 判 200頁 本体24000円

東京都江戸東京博物館の館蔵史料から，武家社会を特徴づける品々を厳選して収録し，「武家社会の中心としての江戸」の成り立ちから「東京」へと引き継がれるまでの，およそ260年間を武家の視点によって描き出す紙上展覧会。江戸城と徳川幕府／城下町江戸／武家の暮らし／大名と旗本／外交と貿易／武家の文化／失われた江戸城，の全7編から構成され，より深い理解の助けとなるようそれぞれの冒頭に概説を設けた。遠く江戸の昔への時間旅行へと誘う待望の1冊。

歴史学会編

郷 土 史 大 辞 典
【上・下巻：2分冊】

53013-1 C3521   B 5 判 1972頁 本体70000円

郷土史・地方史の分野の標準的な辞典として好評を博し広く利用された旧版の全面的改訂版。項目数も7000と大幅に増やし，その後の社会的変動とそれに伴う研究の深化，視野の拡大，資料の多様化と複合等を取り入れ，最新の研究成果を網羅。旧版の特長である中項目主義を継受し，歴史的拡大につとめ，生活史の現実を重視するとともに，都市史研究等新しく台頭してきた分野を積極的に取り入れるようにした。また文献資料以外の諸資料を広く採用。歴史に関心のある人々の必読書。

前中大 藤野　保編集代表
前筑波大 岩崎卓也・元学芸大 阿部　猛・
前中大 峰岸純夫・前東大 鳥海　靖編

日 本 史 事 典 （普及版）

53019-3 C3521   A 5 判 872頁 本体18000円

日本史の展開過程を概説的方式と事項的方式を併用して構成。時代を原始・古代・中世・近世・近代・現代の六区分に分け，各節の始めに概説を設け，全体的展開の理解がはかれるようにした。概説の後に事項説明を加え（約2100項目），概説と事項を同時にまた即座に利用できるように解説。また各時代の第1章に国際環境，世界の動きを入れると共に，項目の記述では，政治史，社会経済史，考古学，民俗学とならんで文化史にもポイントをおき，日本史の全体像が把握できるよう配慮。

元学芸大 阿部　猛編

日 本 古 代 史 事 典

53014-8　C3521　　　　　Ａ５判　768頁　本体25000円

日本古代史の全体像を体系的に把握するため，戦後の研究成果を集大成。日本列島の成り立ちから平安時代末期の院政期，平氏政権末までを収録。各章の始めに概説を設けて全体像を俯瞰，社会経済史，政治史，制度史，文化史，生活史の各分野から選んだ事項解説により詳述する。日本古代史に関わる研究者の知識の確認と整理，学生の知識獲得のため，また歴史教育に携わる方々には最新の研究成果を簡便に参照，利用するために最適。日本史の読みものとしても楽しめる事典。

元学芸大 阿部　猛・元学芸大 佐藤和彦編

日 本 中 世 史 事 典

53015-5　C3521　　　　　Ａ５判　920頁　本体25000円

日本および日本人の成立にとってきわめて重要な中世史を各章の始めに概説を設けてその時代の全体像を把握できるようにし，政治史，制度史，社会経済史，生活史，文化史など関連する各分野より選んだ約2000の事項解説によりわかりやすく説明。研究者には知識の再整理，学生には知識の取得，歴史愛好者には最新の研究成果の取得に役立つ。鎌倉幕府の成立から織豊政権までを収録，また付録として全国各地の中世期の荘園解説と日本中世史研究用語集を掲載する。

前日文研 山折哲雄監修

宗 教 の 事 典

50015-8　C3514　　　　　Ｂ５判　948頁　本体25000円

宗教の「歴史」と「現在」を知るための総合事典。世界の宗教を宗教別（起源・教義・指導者・変遷ほか）および地域別（各地域における宗教の現在・マイノリティの宗教ほか）という複合的視座で分類・解説。宗教世界を総合的に把握する。現代社会と宗教の関わりも多面的に考察し，宗教を政治・経済・社会のなかに位置づける。〔内容〕世界宗教の潮流／世界各地域の宗教の現在／日本宗教（"神々の時代"～"無宗教の時代"まで）／聖典／人物伝／宗教研究／現代社会と宗教／用語集／他

前東大 末木文美士・東大 下田正弘・中村元東方研究所 堀内伸二編

仏 教 の 事 典

50017-2　C3515　　　　　Ａ５判　580頁　本体8800円

今日の日本人が仏教に触れる際に疑問を持つであろう基本的な問題，知識を簡明に，かつ学術的視点に耐えるレベルで包括的にまとめた。身近な問題から説き起こし，宗派や宗門にとらわれず公平な立場から解説した，読んで理解できる総合事典。〔内容〕〈仏教を知る（歴史）〉教典／教団〈仏教を考える（思想）〉ブッダと聖者／教えの展開〈仏教を行う（実践）〉／実践思想の展開／社会的実践／〈仏教を旅する（地理）〉寺院／聖地／仏教僧の伝来／〈仏教を味わう（文化・芸術）〉仏教文学の世界／他

D.キーオン著
前東大 末木文美士監訳　豊嶋悠吾編訳

オックスフォード辞典シリーズ
オックスフォード 仏 教 辞 典

50019-6　C3515　　　　　Ａ５判　420頁　本体9000円

定評あるオックスフォード辞典シリーズの一冊，D.Keown著"Buddhism"の翻訳。項目は読者の便宜をはかり五十音配列とし，約2000項目を収録。印中日のみならず，スリランカ，タイ，チベット，韓国等アジア各国に伝わり独自の発展を遂げた仏教用語，さらに欧米における仏教についても解説。仏教文化に馴染みのない西欧の読者向けに編まれた本辞典は，日本の読者にとっては基本的な知識を新鮮な視点から説き起こす，平明かつ詳細な必携の書となっている。